AF269664

Horst Denzin

Grenzgänge zur Menschheitsanalyse

*Eine 500-Jahre-Neuzeitrechnung
im Geiste des Evangeliums
– auch zu Ehren von Martin Luther*

Essays

FRIELING

Bibliografische Information der Deutschen Nationalbibliothek
Die Deutsche Nationalbibliothek verzeichnet diese Publikation in der
Deutschen Nationalbibliografie; detaillierte bibliografische Daten sind im
Internet über http://dnb.d-nb.de abrufbar.
© Frieling-Verlag Berlin • Eine Marke der Frieling & Huffmann GmbH & Co. KG
Rheinstraße 46, 12161 Berlin
Telefon: 0 30 / 76 69 99-0
www.frieling.de

ISBN 978-3-8280-3383-2
1. Auflage 2017
Umschlaggestaltung: Michael Reichmuth
Sämtliche Rechte vorbehalten
Printed in Germany

Inhalt

Ewig-unendliche Allmacht

Der Urknall – Gottes Ja zu dieser Existenz – kommt aus einem Unendlichkeitsbereich, der die ursprüngliche Energie umfasst, aus der dann alles wurde, was wir Heutigen sehen und erkennen können. Das sind beispielsweise alle Materieerscheinungen wie Sterne und Sternenansammlungen mit den Kleinbrocken wie Planeten und deren Monden sowie alles massemäßig darunter Liegende wie der Klimbim des Asteroidengürtels und Restbrocken aus den Staubaggregationsscheiben/Staubscheiben aller Sternentstehungen.

Erkennen können wir mit unseren modernen Mess- und Beobachtungsinstrumenten – im Zweifelsfall mithilfe von Aufzeichnungsinstrumenten – auch die Ordnung des Materieaufbaus unseres Universums sowie mithilfe der modernen Rechentechnik und ihrer fantastischen Möglichkeiten, wie beispielsweise der Simulation, auch die hinter den beobachtbaren Strukturen wirkenden Naturgesetze. Das Ergebnis solchen Tuns ist die Erkenntnis, dass circa 95 Prozent unseres Universums aus dunkler Energie – gute 80 Prozent – und dunkler Materie – circa 15 Prozent – bestehen, wobei beim heutigen Erkenntnisstand keine gesicherte Vorstellung über die Natur dieser Substanzen/„Strahlungsgebilde" besteht – ich erinnere daran, dass der Urknall aus einem „sehr weit" subatomaren Energiezentrum entstanden ist.

Dieses „sehr weit" heißt beim heutigen Wissen über das Universum, dass es Superstrings gibt, die 10 hoch 20 mal kleiner sind als Atome – linear, volumenbezogen also hoch 3, heißt 10 hoch 60 mal kleiner. Diese Verkleinerung ist beliebig fortsetzbar, und man kann selbstverständlich auch das Universum, in dem wir hier existieren, entsprechend vergrößern.

Wenn man also unser 13,7 Milliarden Jahre altes Universum auf Atomvolumina herunterrechnet, so ergibt das circa 10 hoch 120 Volumina – in Superstrings 10 hoch 180 Stück „Superfädchen". Diese haben sich als Ergebnis aus Differenzial-, Integral- und was weiß ich für Gleichungen ergeben – vor zehn bis fünfzehn Jahren. Es gibt auch andere theoretische Ansätze, aber die Mehrheit der damit Beschäftigten sieht die Superstrings als beste Basis für ein Weiterforschen – in der Hoffnung auf nachprüfbare Aussagen und andere Überlegungen.

Eine Überlegung von mir ist beispielsweise: Wofür stehen die Superstrings materiell? – denn selbst die extremste Subatomarforschung kann auch nicht ansatzweise auf einen Strukturzusammenhang zwischen den kleinsten bisher nachgewiesenen Atombausteinen – nach meinem Wissen Photonen – und diesen theoretischen Fädchen hinweisen. Ich gehe hier also einfach mal rein logisch an diese Fragestellung heran.

Zu solchen Überlegungen muss man erst einmal sein Gehirn freischalten, also vom Idiotenballast sogenannten Glaubens lösen. Damit meine ich jene Idiotien, die ganz offensichtlich sind – wenn man sich ein Minimum an kindlicher Natürlichkeit bewahrt hat und ein Minimum an Mut. Das Primatengehabe bei den nichtmenschlichen Primaten ist intelligent, denn es entspricht ihren natürlichen Möglichkeiten. Beim Menschen dagegen ist Primatengehabe – zum Beispiel die Unsitte, jungen Menschen, die ja oft genug zum Überleben den Älteren gehorchen müssen, sogenannte Glaubenssätze „überzubraten" – idiotisch, wie oben gesagt.

So nehme ich es keinem „Erwachsenen", der über fünfundzwanzig Jahre alt ist, ab, dass er ernsthaft an die „Auferstehung des Fleisches" glaubt – siehe „Glaubensbekenntnisse" im sogenannten Christentum. Und dabei ist der Begriff „Glaubensbekenntnis" schon eine Idiotie an sich. Denn Glauben ist, in die Sprache der Natur übersetzt: Vertrauen in die lebendigen Prozesse der Natur, denen man auch als Mensch ausgesetzt ist.

„Diesbezüglich" ist zu erwähnen, dass es zwei Standbeine der lebendigen Natur gibt: erstens die Icherhaltung; zweitens die Arterhaltung, also die Vermehrung der eigenen Art. Dass es die sexuelle Vermehrung gibt – nach der einfachen Vermehrung durch Zellteilung! –, hat die Natur in den ersten Milliarden Jahren nach Entstehung unseres Sonnensystems mit seinen Planeten ausprobiert! – Ich weiß nicht mal, ob es sie erst bei den Mehrzellern gegeben hat. In jedem Fall aber sind die Tiere (!) erst als Mehrzeller vor ungefähr 700 Millionen Jahren aus dem Wasser an Land gegangen.

Die Logik sagt, dass Mehrzeller erst entstehen konnten, nachdem es verschiedene Einzeller gab, die einander ergänzten, erst getrennt – und dann haben sie im Laufe der ersten Milliarden Jahre, nachdem die Erde sich etwas abgekühlt hatte und mit Eisbrocken aus der äußeren Aggregationsscheibe bombardiert worden war, wegen des Wassers!, sich durch die permanent notwendige Anpassung an die Lebensumgebung massiv weiterentwickelt. Lebensdruck nennt man so was, glaube ich.

Der liebe Mensch nun – ich bin da vielleicht der größte Idiot – hat mit seiner Erkenntnisfähigkeit, heißt Rechenfähigkeit, seine liebe Not damit, das, was er erkennt, sinnvoll in seine persönlichen Lebensumstände einzubauen. Nun haben die Glaubensinhalte ja genau diesen Sinn, den Verstand auf die fortschrittlichen Möglichkeiten zu fokussieren – und das Traditionelle erst einmal als „gut" zu akzeptieren.

Traditionell ist das bisher Bewährte, von der Natur und Kultur her. Nun sagt die Entropie, ein thermodynamischer Begriff, von Ludwig Boltzmann vor eineinhalb Jahrhunderten errechnet, dass sich alles abkühlt: das Universum, aber auch jedes andere abgeschlossene System, wie beispielsweise ein Liter Luft, ein sehr „interessantes Gasgemisch". Dieses gibt so lange Wärme an die Umgebung ab, bis Temperaturgleichstand erreicht ist.

So würde sich auch die Erde auf Umgebungstemperatur abkühlen, wäre da nicht unser Lebensstern Sonne mit seinen Wärme spendenden Kernfusionsprozessen. Das bisschen Erdinnenwärme aus der Entstehungszeit unseres Planeten reicht zwar für die Erdwärmekoppelung lokaler Energieausbeutung, planetar aber müssen wir massivst auf eine für die Natur und damit auch für uns selbst vernünftige, also berechnete Wärmebilanz sehen.

Ich weise noch mal darauf hin, dass das größte Problem der Atomkraftnutzung genau diese Energiebilanz ist. Den Atommüll lassen wir einfach mit einer Erdplatte im Erdinneren verschwinden – im Zweifelsfall in einer Umlaufbahn, die auf die Sonne zuführt. Die Energie dazu liefert uns gegebenenfalls die Atomkraft – indirekt, in welcher Form auch immer – zumindest langfristig. Bis dahin ist einfach nur Vernunft angesagt. So long, Brüder (und Schwestern) – IN JESUS!

Das Gottessyndrom

Syndrom als Zusammenfließen von Symptomen, die als prinzipielles Zusammentreffen von Ereignissen – welcher Art auch immer – die Summe dieser Existenz ausmachen, kann (!) nur Gott sein. Der Mensch ist Mensch ausschließlich durch seine ERKENNTNIS (!), dass „da draußen" ein Wesen existiert, das uns beobachtet; Jesus: Gott sieht, was wir tun – DAS ist wichtig!

Früher, als wir den Tieren noch näher waren als Gott, haben wir das nur als Fluchtinstinkt gespürt für den Fall des gegebenen Selbst-gefressen-Werdens, als Hunger und Jagdinstinkt für den Fall einer möglichen Beute und Mahlzeit für uns selbst. Um von vornherein etwas Intelligenz in das Molekülwachstum zu bringen, hat der Chef / Gott die Unterscheidung von Pflanzen und Tieren gemacht, zugelassen – indem er die frühen Einzeller sich hat anpassen lassen an die unterschiedlichen Lebensumgebungen.

Die Pflanzen haben sich dann auf die Ausbeutung der unbelebten Natur spezialisiert und dafür in Kauf genommen, dass Teile von ihnen selbst als Beute für die tierischen Existenzen zu dienen hatten. Das haben die Pflanzen dann genutzt, und tun es auch heute noch, um ihre Samen über das Raumschiff Erde verteilen zu lassen, sei es geschlechtlich oder ungeschlechtlich.

Die Tiere wiederum konnten von den frühen Auseinandersetzungen nicht lassen und haben weiter versucht, sich auch gegenseitig zu fressen, woraus dann die Raubtiere und Pflanzenfresser entstanden. Besonders schlaue Tiere, wie der Bär und der Mensch, haben beide Möglichkeiten immer genutzt, der Bär für das persönliche Größenwachstum – er ist das größte Landraubtier – und der Mensch für das – heute

– überbordende Mengenwachstum an Individuen, das allerdings die Gefahr in sich birgt, dass diese absolute und tierische Blödheit das gesamte höhere Leben des Raumschiffs Erde auslöscht.

Und die dafür verantwortliche Menschengruppe sind die sogenannten Christen, die als allerübelste Lügner und Verräter vor allem Jesus selbst „immer wieder neu töten" – durch die Unterstellung, er würde durch „körperliche Auferstehung" sein persönliches Selbst-Lebensopfer zurücknehmen. Und diese Lügen der Christen akkumulieren sich als Syndrom immer wieder derart, dass Gott der Allmächtige und Unendliche keinen anderen Weg sieht, als „den Stecker zu ziehen" und die sogenannten Menschen auf ihre Tiernatur zurückzuwerfen – mit den entsprechenden bestialischen Folgen wie Krieg, Mord und Totschlag aller Art.

Und dabei ist es eigentlich doch ganz leicht, wie Jesus in den Evangelien ja auch selbst sagt: SEINE Last ist leicht! Was ist nun die Last, die Jesus uns aufbürdet?

Es ist der Hinweis auf dem Menschen sowieso obliegende Tätigkeiten wie das Nachdenken und vernünftige Handeln, das allerdings nicht in so starre Korsagen gepresst werden darf, wie es eben beispielsweise die sogenannten Christen tun. Dieser Begriff „Christos" – gleich König, Pharao, wörtlich: „Gesalbter" – ist absolut diametral zu dem, was Jesus unter Einsatz seines Lebens den Menschen mitteilen wollte – leicht nachzulesen in den Evangelien Mattäus, Markus, Lukas und Johannes.

Ich gehe mal rückwärts von meiner subsummierten und zusammenfassenden Erkenntnis aus, dass Gott – von sich selbst aus! – nur im Tod eines (!) Menschen, an dem KEIN anderer Mensch bewusst schuldig ist, demonstrieren WOLLTE, dass der eigene individuelle Tod „keine Affäre ist". Und genau DAS ist die Auferstehung Jesu, die Jesus in dem Evangelien, sicher materieller und differenzierter, beschreibt, allerdings niemals und nicht annähernd so idiotisch und lügnerisch wie das, was die „Christen" dann in den 2000 Jahren seit Jesus daraus gemacht haben.

Nun ist das Leben manchmal sicher etwas ätzend, und man kommt um eine gewisse Grübelei nicht herum. Aber wenn einer – oder eine – an Jesus denkt und wirklich zu verstehen versucht, was ER gedacht haben mag, dann daran denkt, dass „jener" sich selbst geopfert hat und dass trotz der „bestialischen Machenschaften" der Christen mit ihrem sogenannten Glauben das Christentum, zumindest in den letzten 500 Jahren, das menschliche Weltgeschehen bestimmt hat – siehe das, auch positive (!), materielle und menschenbestimmte Geschehen auf unserem eigentlich fantastischen Raumschiff Erde –, so „hat er's".

Des ungeachtet, dass der Chef wieder einmal murrend – Naturkatastrophen etc. – die bestenfalls zwanghaften Idiotien der Spezies Mensch kommentiert, spricht ER, der Allmächtige, sicher auch durch Menschen, und zwar, wie ER will. Kein Mensch (außer Jesus?) kann sich darauf berufen. Aber er spricht eben auch durch seine Schöpfung, positiv, wie durch das insgesamt ruhige Brennen und Wärmen der Sonne, unseres Lebenssterns. ER spricht auch durch unsere Träume, seien sie „des Tages oder der Nacht", wobei man allerdings permanent zurückfragen sollte, also beten. Nicht unbedingt Formalgebete, sondern einfach an IHN, den Allmächtigen, denken, zum Beispiel durch das Bedenken der eigenen Grenzen, die jeder sowieso sich immer wieder vor Augen halten sollte.

Und das ist die eigentlich Last: seine Ziele und Möglichkeiten überprüfen – in sinnvollen „Planungsabständen". Man ist nicht allein, temporär und begrenzt notwendigerweise doch immer wieder, sonst kann man ja nicht arbeiten. Und die materiegebundene Natur unserer Existenz zwingt uns sowieso und durchaus auch positiv zu immer wieder neuem Handeln – wie eine Automatik, ganz bequem und spaßig!

Diese moderne technische Welt ist in ihren materiellen Ausprägungen, an denen schon wegen der Kinder niemand vorbeikommt, eine ingenieursmäßig berechnete Welt: Brücken, Rechner, Fahrzeuge aller Art, als Subsysteme Leitungen für Flüssigkeiten, Gase, Elektronen, also elektrischer Strom, oder auch unsere „Wissensinstrumente" wie Fernrohre für die Weltraumbeobachtung oder andere Medieninstrumente. Das Ganze wird selbstverständlich auch indirekt berechnet wie in der Informatik, die Funktionssysteme aller Art auf ihre logische Stringenz abklopft, oder wie in den Wirtschafts-, Sozial- und Geschichtswissenschaften, die heute auch rechnerisch und logisch die Wissensdetails ihrer jeweiligen Disziplinen intern und extern zu verknüpfen versuchen.

Fazit: Das Zusammenfassen von Einzelgegebenheiten hat der Chef schon immer rechnerisch getan, indem er die lebendigen Subsysteme wie Einzeller gegeneinander aufgerechnet hat beziehungsweise umgebungsbezogen sich selbst hat aufrechnen lassen. Das hat in den Erdozeanen dreieinhalb Milliarden Jahre gedauert, und dann hatten die Einzeller eine Sauerstoffatmosphäre geschaffen, die von entsprechenden Vielzellern – mit vier beweglichen, der Fortbewegung dienenden Extremitäten – genutzt wurde, um „das Land" zu erobern – nach den Pflanzen, denke ich mal.

So sehen wir heute nicht nur unsere eigenen Lebensbedingungen, sondern auch die materiellen Voraussetzungen unseres Universums – mit Spaß, wenn wir uns nicht allzu blöde anstellen, sprich: „an falscher Stelle unvernünftig handeln", beziehungsweise unser Denken und Handeln „mit Schmackes" an unserem BRUDER Jesus orientieren.

Ewigkeitswürfel

Zeit ist virtuell, genauso wie der Raum, es sind reine Rechengrößen. Existent sind ausschließlich Energie und Materie, wobei letztere „gefrorene" Energie ist, aus dem Urknall heraus.

Der Urknall kommt also aus einem Unendlichkeitsbereich, der die Energie umfasst, und das ist nach meiner Rechnung ausschließlich die Menge der natürlichen Zahlen, sagen wir: 10 hoch 1033. 1033 ist eine Quintilliarde – klingt doch nett! Nun multiplizieren Sie die 10 eine Quintilliarde mal mit sich selbst, und Sie haben genannte Zahl, der nichts Materielles entspricht, außer vielleicht die subatomaren Funktionsprozesse, auch der lebendigen Materie, nach dem Urknall – wenn man einen Zähler an die Umdrehungen und Karambolagen und anderen Wandlungen der dortigen Quantenereignisse anlegt.

Wenn Sie auf diese Zahl die Funktion n! (n-Fakultät) beziehen, bekommen Sie einen Anschauungsbeweis für die größtmögliche Rasanz, mit der eine Funktion wachsen kann. Diese Zahl als n würde also mit n + 1 zu multiplizieren sein, dann mit n + 2 und so weiter. Die Exponentialfunktion zur Basis 10 würde in diesen zwei Schritten nur mit 10 mal 10 wachsen.

Das Prinzip dahinter ist: Egal, wie groß Sie die Basis einer Exponentialfunktion wählten, irgendwann würde n! (= n mal [n +1] mal [n + 2] mal …) diese Basis überholen, und dann würde n! jede festbasisbezogene Funktion hinter sich lassen. Das bedeutet, der menschliche Geist ist direkt nicht in der Lage, sich eine ins Unendliche wachsende Größe vorzustellen, aber über den Funktionsmechanismus von n! (= 1 mal 2 mal 3 mal 4 …) vertraut er, der Mensch, auf die Unendlichkeit Gottes, und der wird das schon richten, „verkörpert" ER doch diese selbst.

Verständlich wird das aber nur, wenn Sie ernsthaft SEI-

NER, Gottes (!), Liebe im Tod unseres BRUDERS (!) Jesus von Nazareth vertrauen. Rechnerisch gesehen, ist n! also eine „Exponentialfunktion" mit mitwachsender Basis, nur durch das kleine n + 1. Mit dieser „kleinen 1" kommt man also schneller in die „Ewigkeit" („Unendlichkeit") als mit jeder anderen „geistigen Systematik" – allerliebst, nicht wahr?

Da der Mensch sieht, dass alles, was er sieht, begrenzt ist, außer der Funktion seines Nachdenkens, was wohl hinter dem Himmel oder unter der Erde sei, bleibt ihm nichts anderes übrig, als anzunehmen, dahinter gehe es ewig weiter. Nun hat sich im Laufe der Erkenntnisgeschichte gezeigt: Unter der Erde ist wieder Himmel, und hinter dem Himmel ist schwarzer Weltraum.

Und wieder sind wir an einem „Himmel" angestoßen, der Urknall genannt wird. Die Erkenntnisbemühungen haben nun gezeigt, dass es hinter diesem Urknall erst einmal nicht bezogen auf Naturerkenntnisse weitergehen kann. Die mikro- und makroskopischen Gesetzmäßigkeiten sind ausgereizt und haben mit äußersten mathematischen Anstrengungen Superstrings, 10-20, also 20 10er-Potenzen kleiner als ein Atom, als kleinste und dichteste Annäherung an diesen Superurknall erbracht. Man könnte ihn auch 10180-Superstringquelle nennen.

Meiner Ansicht nach kann es jetzt nur weitergehen, wenn im gesamten Menschheitswissen erst einmal aufgeräumt wird. So sind auch die Mathematiker gehalten, durch Abstandnehmen von der idiotischen Lüge der sogenannten Christen, Jesus sei körperlich (!) auferstanden – geistig ist er es in uns! –, ihr eigenes Fachgebiet so zu ordnen, dass auch Grundschüler das Gesamtsystem der heutigen Mathematik überblicken können. Beispiel sei die minderbemittelte Ansicht im Mathematik-Bereich, die Logik sei Teil der Mathematik.

Die Logik – „logos": das Wort, die geistige Gesetzmäßigkeit – ist Basis allen für den Menschen erkennbaren Seins. So sind die Naturgesetze nur entdeckbar (!), denn sie selbst sind in der Unendlichkeit verankert, auf eine bisher für den Menschen nicht erkennbare Art und Weise.

Die Basis-Naturgesetze werden Axiome genannt, und die Erdanziehung ist ein solcher nicht beweisbarer Ursatz. Abgeleitete Naturgesetze in Naturwissenschaft und Technik sind beispielsweise der Wasserkreislauf des Planeten Erde durch die Sonneneinstrahlung in Form von Wolken, Regen und Flüssen oder, in der Technik, die physikalischen Gesetze der Reibung bei Fahrzeugen aller Art.

In der oben dargestellten „kleinen 1" sagt ER, der Eine, uns zuzwinkernd: Langsam, Schritt für Schritt, jeder, wie er es kann. Ein Gottesbeweis? Ja, wenn Sie bedenken, dass die Unendlichkeit ja nicht nur da draußen ist, sondern als unbegrenzte „Einheiten"-Menge alles durchdringt. So könnten die Superstrings, als immerhin noch rechnerisch in der Realität (Energie und Materie) verankert, die Logik-Brücke sein zu zahlenorientierten Überlegungen – die Primzahlen, besonders die nahe der 0 (!), als Fixgrößen einkalkuliert –, welche „Zahlenereignisse" in einer unendlich großen Menge zu den Gesetzmäßigkeiten in den 10180 Superstrings unseres Universums geführt haben. Ich weise auf die obige Quintilliarde hin.

Langer Rede kurzer Sinn: Fangen wir doch einfach mal an mit dem Aufräumen. Zum Beispiel das sogenannte Weihnachten. Da haben die sogenannten Christen in ihrer Frühzeit – ich schätze mal, vor ungefähr tausend Jahren – die Wintersonnenwende auf Jesus beziehen wollen und die „Neugeburt" des Lichtes in diesem astronomischen Ereignis einfach als die „Geburt" Jesu definiert.

Nun ist das wieder steigende Licht nach der Wintersonnenwende in Polnähe der Erde sehr wichtig, logisch. Und die Geburt Jesu ist auch so wichtig? Mitnichten, wenn Sie es auch nur ansatzweise genau nehmen. Was Er getan hat, ist wichtig – sagt er selbst im Evangelium. ER wird sein Leben opfern, dadurch wird eine neue Welt erschaffen, und nur und ausschließlich dadurch.

Und wenn Sie sich oben dargestellte Zahlenspielerei auf der geistigen Zunge zergehen lassen, werden Sie feststellen, dass die Unendlichkeit tatsächlich in uns (!) ist. So verstehen Sie Jesus auch besser, denn ER hatte die Unendlichkeit als Gottes Liebe in sich, nachdem er begriffen hatte, es geht ihm „an den Kragen", er würde dem Tod nicht ausweichen können. Wir Heutigen dagegen können es nicht nur, sondern wir sollen es auch, denn ER lebt ja als Wiederauferstandener in uns.

So verstehen Sie auch seine letzte Hinwendung zu Gott als SEINEM (!) Vater, bevor er durch eigenes Tun seiner Verhaftung und Hinrichtung als Schwerstkrimineller entgegengeht. Und wir popeln an SEINER Liebe durch die Zersplitterung der Liebe Gottes in einen Dreifach-Neubeginn des Lichtes herum? Sollten wir nicht!

Folglich das menschengemachte Weihnachten schnellstens auf das astronomisch definierte Lichtfest legen, und selbstverständlich auch den Kalenderjahreswechsel auf diesen Tag, die Wintersonnenwende! Gott der Chaot – nur für uns – hat doch ein fantastisch schönes und höchst stabiles Planetensystem für uns geschaffen! Und wenn wir SEINE Gesetze denn erkennen, so sollten wir uns auch so eng wie möglich an diese halten.

Seine Gesetze haben sicher eine sehr viel höhere Bedeutung als alle menschengemachten. Denken Sie nur an die Klimaveränderung, die wir nur in den Griff bekommen, wenn wir seine Gesetze weiter erforschen und verstehen – und dann entsprechend handeln. Was wir nicht verstehen, erscheint uns erst einmal chaotisch. Beispielsweise wird auch die Kalenderpflege einfacher, was den Astronomen prinzipiell mehr Zeit für wichtigere Aufgaben gäbe.

Die Ewigkeit könnte also als Würfel mit der Kantenlänge 101e Quintilliarde Superstrings angesehen werden – Superstrings als natürliche Zahlen. Dabei denken Sie bitte daran, dass das Universum in all seiner Größe nur eine Kantenlänge von 1060 (!) Superstrings hat. Ziehen Sie von einer Quintilliarde 60 ab, und Sie haben immer noch eine Quintilliarde, mit einem absolut vernachlässigbaren Fehler.

Das Universum können Sie sich also „in die Haare …“. Was bleibt, ist der Geist des Menschen in seiner Orientierung an Gott den Allmächtigen, Unendlichen, Ewigen. Und diesem Geist ist es möglich, sich eine Würfelfolge vorzustellen, die beliebig schnell wächst; dabei soll jeder Würfel eine 1er-Einheit des Folgewürfels sein mit 101e Quintilliarde „Vorwürfel“-Kantenlänge. Einverstanden?

Gut, und denken Sie auch daran, dass die Fakultätsfunktion n! (= 1 mal 2 mal 3 mal …) formal die am schnellsten wachsende Funktion ist – nachzählen! Und die ist, verglichen mit der Würfelfunktion in Ihrem Kopf, so lange lahm, solange Sie ihr Verstehen von Formalismen wichtiger nehmen als die Formalismen selbst, die als solche ja auf unser Universum begrenzt sind (siehe vorvorigen Absatz). Wir Menschen sind also geistig schneller, als wir es uns selbst vorstellen können – wieder ein Beweis, dass das Leben älter ist als das Universum; ebenfalls nachrechnen, zählen! –, wie immer in der Liebe Gottes, die Jesus heißt und alles umfasst!

Der Selbstopfertod

Der Tod als unabdingbare Lebensbedingung ängstigt nur das primäre Geistwesen Mensch – wegen seiner Materiebindung an den Säugetierkörper, den er nun einmal hat. Abraham wollte seinen eigenen Sohn opfern. Das wäre sehr leicht gewesen, ahnte dieser doch nichts und vertraute nun einmal diesem genetischen Vorgänger. Gott hat das in Gestalt eines Engels verhindert, weil er einen Fortschritt in der Menschheitsentwicklung wollte.

Menschen haben infolge ihrer Topposition in der Natur nun mal keine natürliche Angst mehr, konnten sie doch schon vor zehntausenden Jahren mehr oder weniger jedes Tier erlegen und dann essen. Als sie dann vor etwa 10 000 Jahren noch anfingen, ergänzend zur Tier-Jagd, systematisch Pflanzen auszubeuten, konnten sie ein Sozialverhalten entwickeln, das ihrer parallel entwickelten Rechenfähigkeit alle Ehre machte.

In die Zukunft prolongiert läuft es darauf hinaus, dass die heute schon weitgehend zur Körperertüchtigung gewandelte körperliche Arbeit absolut minimiert wird. Die wesentliche materiell-körperliche Arbeit wird heute schon von Maschinen und entsprechenden Einrichtungen erledigt. Da es von der geistigen Menschheitsentwicklung her logisch und somit zwingend ist, dass der Mensch nachhaltig in den Weltraum geht, werden wir wohl um eine Betrachtung des Planeten Erde als Raumschiff nicht herumkommen.

Dieses Raumschiff – die Erde! – werden wir sicher solange wie möglich als solches für uns erhalten – und natürlich den Übergang auf künstliche Weltraumvehikel nachhaltig trainieren. Dass wir letztere doch noch wesentlich weiterentwickeln müssen, ist wohl auch offensichtlich. Ein Hauptpunkt wird dabei vor allem der sichere Umgang mit unserer Säugetierbasis sein, der wir zu entsprechen haben. Denn auf einem von uns selbst gebauten Raumschiff Mord und Todschlag, wie sie in vielfältigster Form auf der Erde noch stattfinden, zulassen zu müssen, wäre indiskutabel (was natürlich eigentlich auch für die Erde schon gilt).

Nun lässt sich der Lebenstrieb, auch des Menschen, durchaus aus den Naturgesetzen im Mikrobereich ableiten, also aus den Atomstruktur-Gesetzen. Diese bestimmen nicht nur den inneren Zusammenhalt und Aufbau der Atome, sondern indirekt auch die Bindungsfähigkeit an andere Atome, also die Molekülstrukturen. Dass die Groß- und Riesenmoleküle im organischen Bereich, so auch diejenigen komplexer Lebewesen, diesen Gesetzen ebenfalls entsprechen, ist klar. Worin allerdings nun eigentlich der entscheidende Strukturunterschied zwischen „nicht-lebendigen" und „lebendigen" Molekülen besteht, daran wird freilich noch geforscht.

Logisch ist immerhin, dass die entsprechenden Gesetzmäßigkeiten bereits in der Materieentwicklung angelegt sein mussten. Sie kommen also nur zum Vorschein, einerseits wenn der Mensch ihnen forschend begegnet, andererseits bei der heute bekannten Entwicklung der Materie aus einem sogenannten Urknall heraus. Die Gesamtgesetzmäßigkeit muss so in dem Materieaufbau schon angelegt sein, oder aber in einer für uns heute noch völlig unbekannten Form von „außen" einfließen.

Dieser Gesamtgesetzmäßigkeit muss auch die bisherige offizielle Geschichte der Menschen entsprechen – und alles andere, was der Mensch so weiß, sich ausdenkt, wie also auch das hier Geschriebene. Ich nenne das einfach mal Logik. Diese, die Logik, hängt mit allem, was vorher war, zusammen, denn alles was ist, ist ja aus Vergangenem entstanden – nach Gesetzen, von denen wir viele schon kennen.

Nun ist uns auch bekannt geworden, dass es Unwägbarkeiten gibt – für uns. So wissen wir nicht, warum das Universum so entstanden ist, wie es ist. Auch können wir nicht hinter die Grenzen sehen, die das heutige Menschheitswissen uns setzt. Diese Grenzen ständig zu erweitern, ist Stand der Forschung. Eine alternative Methode, die vielleicht systematischer betrieben werden könnte und die ich hier diskutieren möchte, wäre eine permanente Überprüfung der Gesamtordnung unseres Wissens.

Da wären, wie für den Einzelnen ja auch, Einfachheit und Ordnung eine Grundmethode. Dass sich von außen immer wieder Unordnung einschleicht, ist ein weiterer Grund, so zu handeln. Wir selbst als begrenzte Wesen können nur begrenzt weit sehen – wohl aber wissen wir, dass nach der Menschheitserfahrung Grenzen immer wieder überwunden wurden und dass, allein von der Betrachtung der natürlichen Zahlen her, Grenzenlosigkeit im Prinzip möglich zu sein scheint.

Schließlich hat das Universum eine Herkunftsgrenze aufgezeigt, die sich frühere Generationen auch in ihren kühnsten Träumen nicht hätten vorstellen können. Träume des Einzelnen, auch jene in der Literatur, können ja nur von dem ausgehen, was an Daten vorhanden ist – im Einzelnen respektive im Menschheitswissen. Auch das ist ein Grund für grundsätzliches und immerwährendes Aufräumen – in vernünftigen Abständen und immer wieder neu.

So vermisse ich beispielsweise in öffentlichen Bereichen Einrichtungen, die ein systematisches Überprüfen von Ordnungsstrukturen zur Aufgabe haben. Kriege sind meiner Ansicht nach das Ergebnis von Hilflosigkeit der Menschen infolge von mangelnder Strukturklarheit in den Entscheidungsmechanismen des Völker- und Menschengeschehens.

Ha, kurzes ha bitte, ich bin bei den von mir so bezeichneten Selbstlebensopfern!

Es gibt vielleicht noch andere, aber in meinem Kopf sind die beiden Namen Sokrates und Jesus (von Nazareth). Sokrates hat sich vierhundert Jahre vor Jesu Geburt für das Austrinken eines „Schierlingsbechers" entschieden, also für die Annahme des Todesurteils des Athener Rates. Dieser hatte ihn zum Tode verurteilt wegen Verführung der Jugend – so ungefähr. Den Weggang aus Athen wies er stolz zurück, hatte er doch sein Leben lang für seine Weltsicht, als Basis moderner Philosophie, gelebt. Das wolle er nicht mit einem Ausweichen vor der Meinung des Rates zurücknehmen.

Jesus nun, vierhundert Jahre nach Sokrates, hat das Gleiche getan, allerdings mit einem entscheidenden und endgültigen Aspekt auf die menschliche Existenz, kam er doch aus einem anderen Kulturkreis. Er kam aus dem Judentum, in dem sich zweitausend Jahre die Idee eines einzigen Gottes entwickelt hatte. Jesus kannte vermutlich auch etwas von der damaligen griechischen Philosophie – den Tod des Sokrates? Platon und Aristoteles? – wer weiß, vierhundert Jahre sind schnell vergangen, wenn man sich an Gott dem Ewigen orientiert.

Wenn sie aber mal eines der 4 Evangelien lesen, werden sie feststellen, dass Jesus wirklich wollte, was darin beschrieben wird. Er wollte sein Leben einsetzen, allerdings anders als Sokrates. Er hat nicht Menschen verführt, sondern abstrakte Religionsregeln gebrochen – damals tödlich! Mit seinem Lebensopfer wies Jesus darauf hin, dass in seinem Tod Gott der Allmächtige die Liebe für alle Menschen ist – und immer bleibt.

Ein neues Weltbild

Die Erde ist keine Scheibe mehr, leider, sonst könnte man ja den Müll einfach über die Scheibenkante schieben, und er wäre weg. So aber müssen wir tatsächlich darüber nachdenken, was nun mit den Resten passieren soll, die wir Menschen so hinterlassen bei unserem Tun.

Sicher können wir unseren Müll auch weiter der Natur überlassen, die uns dann aber fragen wird, wo sie denn nun mit uns, den Menschen, hinsoll. Bei der Anhäufung von Müll, vor allem geistigen Mülls (!), ist nicht absehbar, wie die Großtiere, zu denen ja auch der Mensch als biologisches Wesen gehört, überhaupt überleben sollen – den Müll. Geistiger Müll? Na, die Lügen, vor allem die Großlügen, das heißt die Lügen in den Prinzipbereichen des Menschen, wie Glauben, wo man wissen kann; oder geistiger Extremismus, der nur eine Tarnung für Feigheit und Aggression gegen Mitmenschen ist.

Konstruktiv: Der Mensch hat mit seinen heutigen Fähigkeiten und seinem Tun die Verantwortung für das Überleben der Großtiere – zu Lande und zu Wasser. Beispielsweise ist es doch offensichtlich, dass Akustiksignale des Menschen unter Wasser die auf solche Signale angewiesenen Großlebewesen – und vielleicht auch die kleineren – mehr als nur vorübergehend schädigen – siehe das Fliehen von Walen an die Küste vor Panik verursachenden Sonarsignalen der Technik des Menschen. Die Meeres- und Luftverschmutzung, und sei es nur durch Abgase, spielt sicher mit hinein.

Das ist eine nicht nur langfristige Sicht. Ein speziell menschenbezogenes „Signal" sind für mich die 46 000 toten Kinder – pro Tag(!) und wohlgemerkt über die normale Kindersterblichkeit hinaus – durch das blinde und verlogene „Wohlleben" in den sogenannten reichen Ländern. Dabei scheinen selbst die Menschen, die auf den Müllhalden der Dritten Welt leben, glücklicher zu sein als die hier in größtem materiellem Wohlstand lebenden Menschen. Woran liegt das wohl?

Es muss etwas mit dem Lebenssinn zu tun haben. Wer tagtäglich um sein Überleben ringt, weiß, was Leben ist. Wer wie wir auf Lügenbasis lebt – Jesus ist körperlich auferstanden, er ist Gott (was für ein Wahnsinn!), man kann Gott durch bunte und kostbare Gewänder bestechen, man darf andere durch erlogene und geglaubte Idiotien bevormunden ...; Sie haben bestimmt noch andere Beispiele –, der kann nicht froh sein.

Es gilt auch kleine Beispiele zu bedenken, wie zum Bespiel das Haarefärben aus nicht gesundheitlichen Gründen oder das Benutzen von persönlichen Fahrzeugen, auch wenn man mit öffentlichen Raumüberwindungsvehikeln besser und sparsamer weiterkommt. Und eine Lüge – eine, die 46 000 Kinder pro Tag das Leben kostet – ist jene absolut dumme und verlogene Planungslücke, die entsteht, weil dumme Wichtigtuer nicht wahrhaben wollen, dass, erstens, jeder Mensch zwei Kinder haben muss (!), denn so steht es bei Gott geschrieben: für Mann und Frau je ein Kind, bedingungslos, es sei denn, ER, Gott persönlich, hat durch Umstände dem Einzelnen nachweisbar das Ausweichen dieser Lebensbedingung erlaubt.

Zweitens: So wie persönlich Kinder absolute Lebensbedingung sind, ist die Menge der Kinder pro Ehepaar zurzeit absolut auf zwei zu begrenzen; in China auf eines, die Gründe sind bekannt und von diesem einzigartigen Kulturvolk auch offen dargelegt worden. Entsprechend ist die Menschenzahl pro Volk auf die natürlichen Kapazitäten von Raumschiff Erde abzustimmen.

Hinzu kommt die Notwendigkeit, dass für alle vorhandenen und geboren werdenden Kinder die gleichen materiellen und geistigen Lebens- und Entwicklungsmöglichkeiten herzustellen sind – und auch locker hergestellt werden können, wenn die verlogene Wichtigtuerei von sogenannten Religionsführern eingegrenzt wird, vor allem bei sogenannten Geboten und Vorschriften aller Art. Die absolut modernsten und wichtigsten Theologen sind in diesem Sinne die heutigen Juristen. Sie haben die Todesstrafe abgeschafft. Und wenn man rational-logisch rangeht: Was ist das für ein Wirkungsgrad, „einem Dieb die Hand zu entfernen", die ja fantastisch arbeiten kann?

Entsprechend verhält es sich mit allen anderen sogenannten Verbrechen. Kein Mensch wird freiwillig asozial. Es sind also die Lebensumstände für alle Lebewesen gottgefällig zu gestalten – vom Menschen, denn er tut das ja sowieso schon, leider allzu unbedacht –, faktisch und vor allem prinzipiell.

Vor 3350 Jahren haben Echnaton und Nofretete die Sonne zum einen Gott gemacht, jedoch nicht hinreichend logisch genug. Denn was nützen Erde und Sonne ohne die lebendige Lebensgrundlage der lebendigen Natur?

Worauf ich hinauswill, ist: Dieser Mensch Jesus von Nazareth hat doch sein Leben aus eigener Verantwortung mit Gott persönlich geopfert – andere haben nur Beihilfe geleistet –, weil Jesus es wollte. Und wenn wir das so akzeptieren, dann sollen wir auch leben, nach bestem Wissen und Gewissen – siehe oben.

„Mein Gott", wir bauen die fantastischsten Brücken und glauben doch auch nicht: ‚Das wird schon halten', denn da sind komplizierteste Rechnungen für den Brückenbau selbst, aber auch für die Materialien und Arbeitsgeräte und -methoden angestellt worden. Und das Leben des Menschen selbst ist noch sehr viel komplizierter als auch das schwierigste, was der Mensch jemals zustande bringen kann, ist es doch in der Unendlichkeit – bei dem Typ da oben (Gott) – angesiedelt.

Seine Regeln seien leicht, sagt Jesus im Evangelium. Ja sicher, ist durch den Selbstopfertod unseres Bruders Jesus Gott selbst doch aufseiten derer, die an Jesus sich orientieren, zumindest ihn nicht ablehnen. Da sind die Moslems mal gehalten, sich mehr an dem von ihnen anerkannten Propheten Jesus von Nazareth zu orientieren, was sie meiner Ansicht nach zu wenig tun, gerade den sogenannten Christen gegenüber, die Jesus ja durch ihre auf Jesus bezogene Verlogenheit mehr als nur verraten – siehe die absolut bösen Kriege innerhalb des Christentums allein in den letzten 500 Jahren.

Es müsste ein Leichtes sein, die Planungen zu errechnen, um die tagtäglich fahrlässig gemordeten 46 000 Kinder zu vermeiden. Gott würde das ganz sicher honorieren, indem er uns weitere Verbesserungen unserer menschheitsbezogenen Entwicklungsrechnungen ermöglicht, wie die Menschenmenge insgesamt zu begrenzen, den absolut zerstörerischen privaten Automobilverkehr – bedingungslos! – abzuschaffen, die sogenannten Religionen auf eine vernünftige Art auf Gott zu beziehen, denn Gott (der unendlich Allmächtige) ist immer und überall dabei, egal was wir tun, und alles andere, was der Mensch sich auch so erträumt.

Einfachheit und Ordnung sind Basisdaten bei allem, das können Sie selbst überprüfen. Nehmen Sie irgendein Vorhaben, sei es vergangen oder liege es noch vor Ihnen. Nachdenken in diesem Sinne bringt Ihnen immer was.

Jesus logisch erfassen

Eine Querulantelei?

Im sogenannten Christentum – Jesus ist erst einmal Er selbst, also Jesus von Nazareth – wird Jesus als Gott bezeichnet! Was für ein Wahnsinn, will Jesus doch als Gottes besonderer Sohn diesen – Gott! – für alle Menschen angstfrei zugänglich machen. Dafür hat Jesus sein Leben auf eine nicht wiederholbare Art und Weise geopfert, für alle Menschen, die versuchen, Ihn, Jesus, zu verstehen.

Das ist am einfachsten in jedem einigermaßen verständlich formulierten sogenannten Evangelium nachzulesen. Die sogenannten Christen, die aus Jesus gegen dessen Willen einen Gott gemacht haben, ihn körperlich von seinem Selbstopfertod haben „auferstehen" und damit sein Lebensopfer – für alle Menschen gedacht – haben zurücknehmen lassen und in der Folge mit der Betonung von sogenannten Wundern seine vernünftige Weltdarstellung mit Hinweis auf die wirklichen Wunder der ganz normalen Natur übelst verdecken, – diese Christen haben die volle Verantwortung „gegen" den verlogenen Wahnsinn dieser heutigen Welt.

Jesus ist durch sein „TUN" – Evangelien! – die Liebe Gottes des Allmächtigen. Dieser unendliche und ewige Gott ist bei allem dabei, egal was wir tun, denken, fühlen. Unendlichkeit durchdringt alles, im Kleinsten und Größten das wir uns vorstellen können. Und so gesehen ist die Unendlichkeit vor allem in uns, den Menschen, die wir die Natur und das Universum bewusst erkennen.

Das Universum ist doch winzig! – 10 hoch 180 Superstrings, beziehungsweise 10 hoch 120 Atomvolumina, in realen Atomen nur ein Zehntausendstel davon, also 10 hoch

116 Atome. Sie können sowohl die Basis, also die 10, wie auch den Exponenten vergrößern und sie bekommen Zahlen, die die „Teilchen" des Universums x-fach übertreffen, x-beliebig groß. Die Logik darin ist Jesus als Teil Gottes, der uns solche Rechnungen angstfrei anstellen lässt, eben die Liebe Gottes.

Wir kommen und gehen – aus dem und in das Jenseits, wobei das Gehen auf eine ganz andere Art unklar ist, als das Kommen. Der Tod ist eine unabdingbare Lebensbedingung, denn ohne den Tod wird das Leben selbst zum Tod, beziehungsweise zum Jenseits, aus dem wir ja kommen. Die von uns „hier" erlebbare Lebensphase würde so einfach verschwinden. Oder kann sich jemand wirklich das sogenannte Jenseits vorstellen? Nicht versuchen! Es wäre tödlich – denn Gott der Allmächtige lässt zwar sicher mit sich spaßen – aber die Sonne ist die Sonne, sag ich mal.

Der zentrale Stern unseres Planetensystems ist ein wunderschöner lebensspendender Atomfusionsofen für uns Lebendige – hier auf der Erde. Die Sonne ist sicher Teil Gottes, wie das gesamte Universum und das lebendige (!) Leben Teil Gottes ist. Aber das Leben folgt Gesetzen, die sich aus den Gesetzen des Universums ergeben haben, und die können nur älter als das Universum sein. Solche Gesetze sind Regeln, Ordnungen, nach denen sich alle Erscheinungen, die in unser Gehirn eindringen, richten.

Und diese Gesetze – Ordnungen – Logiken (!) sind für uns absolut, bestimmen sie doch alles was wir erkennen. Die Wissenschaften haben seit Tausenden von Jahren immer mehr Gesetze erkannt und aufgeschrieben – und da diese selbstverständlich auch von Gott dem Allmächtigen kommen, wird für uns nie eine endgültige Grenze erkennbar werden.

Gott als Liebe wird uns zu seinem Vergnügen und unserem Wohlergehen also immer weiter forschen lassen – ich habe das in einem Artikel „Surfen auf der Entropie des Universums" genannt. Und diese Entropie ist so ein wissenschaftlicher Begriff, der die Erkenntnis des Menschen wesentlich weitergebracht hat – „und ist mit großer Wahrscheinlichkeit" auch „Erkenntnishilfe" für Max Planck und Albert Einstein gewesen. Die Bedeutung von Quanten- und Relativitätstheorie, für die die Namen dieser beiden stehen – es sind auch andere beteiligt – ist wohl jedem klar, wenn er die moderne Technik benutzt.

Worauf ich hinaus will, ist, dass wir uns unsinnigen Glauben nicht mehr leisten können – oder sollten. Es sterben jeden Tag zu viele Menschen aus nicht vernünftigen Gründen. Vor allem die Angst vor einem friedlichen Miteinander scheint die Menschen zu entzweien. Denn was passiert, wenn wir alle gut miteinander auskommen? Wir sind uns selbst ausgesetzt, unseren eigenen Unzulänglichkeiten und denen unserer nächsten Nachbarn. Warum das so schlimm ist? Weil wir keine einheitliche Auffassung von uns selbst, von dieser Welt und davon haben, wie es weitergehen soll, wenn wir unsere Kinder verlassen müssen, weil es der Chef, Gott, so will.

Dieses Weggehen, der Tod, ist prinzipiell, wie oben gesagt, aber auch so gesehen sinnvoll: Was würden denn die Kinder sagen, wenn wir ihnen dauernd vor der Nase rumtanzten. Und die haben ja auch wieder Kinder – der Lauf der Welt –, das liegt nicht in unseren Händen!

Vertrauen zueinander kann aber nur entstehen, wenn wir ertragen, dass diese Welt auch ohne uns existiert hat und auch weiter existieren würde, wir aber beweisen müssen – uns und Gott in uns – dass wir nicht unnötig schwachsinnig im Angesicht der uns ja teilweise doch ganz gut bekannten Schöpfung Gottes handeln.

Glauben müssen wir also den Mathematikern – und allen Wissenschaftlern, die auf dieser Basis handeln – dass sie richtig gerechnet haben, und dass die heutigen modernen Produkte keinen unnötigen Firlefanz enthalten, weder als Produkt selbst noch in ihrer Erarbeitung. Wenn man sich die täglichen Nachrichten so ansieht, ist berechtigter Zweifel wohl leider angezeigt. Jeder soll erst einmal in seinem eigenen Bereich für Ordnung sorgen?

Ja – einfach anfangen nach bestem Wissen und Gewissen – und denken sie daran, jeder lebt sein Leben und ist zuerst Gott, dem Jenseits – dem „Moment des Todes" – in eigener Verantwortung, vor Gott, ausgesetzt. Geboren wurden wir aus dem lebendigen Gesamtgeschehen dieses Planeten – bzw. Universums – heraus, ohne unser persönliches Zutun, nur indem wir als lebendige Individuen den biologischen Gesetzen ganz normal entsprochen haben.

Zur Weiterentwicklung der Gesamtbiologie gehört heute eine unabdingbare Vernunft des Menschen, hat sein Tun auf das Wohl unseres Planeten ein heute doch auch für den simpelsten Verstand erkennbares – leider auch schädliches – Maß an Einfluss erhalten – Stichworte: Klimakatastrophe, Umweltverschmutzung und andere Verlogenheiten. Die schlimmsten Verbrecher sind die, die sich wider besseres Wissen weiter unnötig schädlich für den Planeten und damit für ihre Mitmenschen verhalten – denn sie lügen – und die schlimmsten Lügen sind die, die Jesus von Nazareth „als Liebe Gottes" leugnen – sag ich mal so.

Betriebsanleitung für diese Lebensform

Der Mensch als Unendlichkeitswesen – nur in ihm ist die Unendlichkeit – kann sich viele Formen des Seins vorstellen – abstrakt, rechnerisch – siehe Science-Fiction-Filme etc.

Ein „Sein" hat alles, was existiert beziehungsweise der Mensch sich vorstellen kann.

Alles, was der Mensch sich vorstellt, existiert auch, wenn auch vorerst nur in seinem Kopf. Allerdings wissen wir Heutigen, dass es Dinge gibt, bei denen man sich fragt: „Is dit waa?"– sorry, für meine Abgleiterei in den Berliner „Dialekt". Aber die Phantasien Leonardo da Vincis und Isaac Newtons beschäftigen uns noch heute – zur Erinnerung: die „Mona Lisa" und die Differentialrechnung, letztere als mathematischer Grundbaustein heutigen naturwissenschaftlichen und technischen Wirkens.

Als Betriebsingenieur, gelernter wissenschaftlicher und Produktionsingenieur, durfte (!) ich mich damit beschäftigen, „was diese Welt im Innersten zusammenhält". 1941 war ein „heißes" Jahr: Krieg – schon in seiner schlimmsten Form, wobei Krieg eigentlich immer schlimmstens ist, es sei denn, es handelt sich um geistige (!) Auseinandersetzungen. Waffen sind ausschließlich zur Demonstration da – und nur im äußersten Notfall zur Selbstverteidigung.

Und damit bin ich bei meiner Betriebsanleitung, bzw. wie die Evangelien eine solche für mich geworden sind, nachdem ich mich, trotz bester Ausbildung, um das (eigene) menschliche Basisverhalten kümmern musste. Mein Geburtsjahr 1941, ich bin „Wassermann", einer von diesen Frühlingsgezeugten und Freiheitsliebenden, hat mich oben genannte Fragestellungen schon mit der Muttermilch aufnehmen lassen. Zudem bin ich ein Ungeborener, will sagen: Meine Mutter hat mir erst einmal die Geburt verweigert. Ich bin dann zwei Wochen nach meinem eigentlichen Termin geboren worden, nachdem ich dachte, ich muss was tun, „sonst schimpft der Chef (Gott!) mit mir."

Ein Ungeborener hat ja zwar ein Ich-Gefühl – in Auseinandersetzung mit den ihm durch seine beginnende Sinneswahrnehmung aufgezwungenen Denkprozessen – aber die Welt kann er sich erst einmal nicht vorstellen. Allerdings habe ich damals durchaus versucht, mein Ich zu bewahren, also tatkräftig durch Rebellion, „Toben" und was so ein Ungeborener nur tun kann meine Geburt dann mit eingeleitet.

Über meine zwanzigjährige Schulbildung – jede Klasse zweimal, bis zur „Mittleren Reife" –, so könnte man eine derart lange Schulzeit jedenfalls sehen, bin ich dann zwar noch bis zu einer normalen Berufstätigkeit und zu einem Familienleben gekommen, aber dann setzten sich die frühkindlichen Erfahrungen durch, und zwar als nachhaltige Fragen an diese Existenz. Wir sind ja nun einmal keine reinen Recheneinheiten – Schrägstrich – Computer, sondern als lebendige Wesen an diese körperliche Primatenform gebunden, der wir alle zu entsprechen haben, so wie sie ist.

Und die ist so, wie sie sich über die hunderte von Millionen Jahren auf der Erde, unserem Heimatplaneten, entwickelt hat. Das Leben im Prinzip ist allerdings auch heute für uns noch nicht wirklich verständlich, handelt es sich dabei doch um Großmolekülstrukturen, die in geeigneter Umgebung ihre spezielle Molekülanordnung durch Verhaltensprogramme und durch Teilung weitergeben können. Das nennt man bei Einzellern Zellteilung.

Bei Mehrzellern, wie wir es sind, kommt zum Programm des einzelligen Aufbaus noch die jeweilige Programmatik des übergeordneten Molekülzusammenhanges hinzu, welche die

Ausbildung so vielzelliger Lebewesen wie uns bestimmen. Ich erinnere, dass wir als Ungeborene die Entwicklungsstufen von einfachen Mehrzellern über Fische und Reptilien alle durchlaufen, sozusagen als Programmabarbeitung aus den frühesten Stadien der Lebensentstehung.

Mit dieser materiellen Ausprägung sind wir auf die Natur dieses Planeten angewiesen – nach wie vor. Geistig sind wir allerdings dabei, die entsprechenden Programme, Vererbung materiell, also die Genetik, zu erkennen und zu verstehen. Wahrscheinlich streben wir – einer inneren Logik entsprechend – dahin, uns das ganze dazugehörige physikalischchemisch-biologische Programm des Lebens bewusst verfügbar zu machen. Und diese innere Logik ist das in der Überschrift genannte Betriebsprogramm, eben eine Anleitung – ja, von wem?

Ich denke, es ist die prinzipielle Programmatik des Lebens selbst, die uns führt – so wie alle Lebewesen! Wir Menschen, als bewusst erkennende Lebensform, haben also (soweit wir das bisher erkennen können) die Aufgabe, die Gesamtbiologie dieses Planeten zu nutzen – und zu bewahren.

Diese Biologie (Lebenslehre) ist unsere materielle Kinderstube, von der aus wir die nächste Erdumgebung schon besiedelt haben: Wir sind in der Erdumlaufbahn, nutzen beispielsweise dortige automatische Signalverstärker zum Telefonieren, und waren auch schon auf dem Mond, dem Planeten des Sonnenplaneten Erde. Logischerweise wird es in diese Richtung weitergehen. Wenn wir vernünftig genug sind, nicht nur im Sinne des großen Philosophen Kant, sondern eben auch in der höheren Vernunft der Evangelien, so werden wir unseren Heimatplaneten Erde in weiterer Zukunft als Ferienparadies erkennen und nutzen können.

Die Logik in den Evangelien ist sicher einerseits die ganz

normal menschliche Vernunft des Propheten Jesus von Nazareth, wie sie in seinen Aussagen und Hinweisen, die dort geschrieben stehen, enthalten ist. Der entscheidende Punkt an unserem Bruder (!) Jesus ist aber wohl der, dass er auf eine sehr besondere Art gestorben ist – so wie wir alle sterben werden, denn dies ist ein absolutes, logisches und somit zwingendes Lebensprinzip. Nur hat „dieser Jesus" sein Leben aus einem ganz bewussten Entscheidungsprozess heraus prinzipiell und nicht wiederholbar für alle Menschen in einem entsprechenden Begründungszusammenhang geopfert – siehe Evangelien. Und das kann eben logischerweise nur in Absprache mit Gott, dem Allmächtigen, geschehen sein. Diesen Gott gibt es schon deshalb, weil sich hinter dem Wort „Gott" irgendetwas verbirgt, wie in der Computersprache ja auch hinter jeder Adresse irgendein Inhalt existiert – und sei es die Null, also das Symbol für „Nichts".

Im Kern enthält diese Betriebsanleitung für unsere Lebensführung also das „Memento Mori" der alten römischen Soldaten: „Bedenke, dass du sterben musst!" – wieder das absolute Lebensprinzip, ohne das Leben nun einmal nicht denkbar ist. Jesus hat aber genau deshalb SEIN Leben geopfert, damit wir nicht nur die (bis zu seiner Zeit übliche) Opferei seinlassen können, sondern prinzipiell unser Leben dadurch auch durchaus im besten mathematischen Sinne rechnerisch führen.

Wir sollen die biologische, also die von der Natur (Gott) vorgegebene, Lebensspanne sinnvoll nutzen – zugunsten allen Lebens, also für uns selbst, unsere Basis und die komplexeste Materiegestaltung, die wir kennen und die geistig über die Grenzen des Universums hinausweist – in jede nur denkbare Richtung.

Jesus als Singularität

Jeder Mensch kann rechnen und ist dadurch eine Singularität, sozusagen genetisch. Tut er es, das Rechnen, ist er eine aktive Singularität – und das sind „Einzigartigkeiten", denn Rechnen enthält prinzipiell, sozusagen genetisch (!), die gegebenenfalls unbewusste Vorstellung von der Endlosigkeit des Zählvorgangs, also der Menge der natürlichen Zahlen.

Wir alle haben das als genetische Mitgift in diese Existenz mitbekommen. Oft allerdings mussten wir nicht nur andere rechnen lassen, sondern uns auch einfach an die materiellen Zwänge unserer Körpergebundenheit anpassen, also tun, was wir sollten – vom Menschen her. Dem grundsätzlich überlagert sind die grundlegenden Bedingungen der materiellen und lebendigen Natur. Letztere ist prinzipiell primär geistig, folgt sie doch eigenen Gesetzen, die der nicht lebendigen Natur des Universums überlagert sind.

Jesus als Einzigartigkeit – durch seinen Selbst(!)-Opfertod – sagt das in den Evangelien so: „[…] – Seele vor Körper." Durch seine radikale Orientierung an „der Idee eines Gottes" hat er sein Leben so absolvieren können, wie dort beschrieben. Der Trick ist der: Man versuche sich nur vorzustellen, was Jesus für ein Typ gewesen sein mag, und SEINE Gottorientierung überträgt sich sozusagen automatisch.

Genug „sozusagen", Sie müssen es selbst versuchen – und werden erkennen, dass diese ganze Existenz nur ein „Versuch" ist. Wenn wir ab und zu in Ruhe mal nachdenken, spüren wir, wie begrenzt wir selbst sind – und gleichzeitig und unbegrenzt alles Übrige. Genau das aber ist Leben als Möglichkeit: sich einzuschalten in das „Weltgeschehen".

Hier ist natürlich ein Widerspruch insofern, als wir uns „dort" nur einklinken können, weil WIR eben selbst die Unendlichkeit in UNS haben durch unsere Zählfähigkeit. Das heißt, dass es eine wechselseitige Information gibt, die prinzipiell dritten Einflüssen ausgesetzt ist. Und diese Einflüsse sind somit grundsätzlich nicht überschaubar, weshalb wir uns vor allem an die vorhandenen und erkennbaren Naturgesetze halten sollten, die ja Gott sei Dank zuverlässig sind.

Und was tun wir? Machen uns „Menschengesetze", die nicht nur selbst und in sich absolut idiotisch sind, sondern auch selbstverständlich entsprechende Verhaltensweisen nach sich ziehen. Beispiele? Im Moment fällt mir keins ein, aber Sie haben bestimmt selbst mehr als genug Beispiele von sinnloser Wichtigtuerei im Kopf. Allerdings sollte man immer Logiküberprüfungen anstellen, bevor man Gegenmaßnahmen ergreift.

Denn oft ist „den eenen sin Uhl, wat den andan seen Nachtigal ist". Im Einzelfall also immer für den Angeklagten. Aber eben gerade im Prinzipbereich gibt es genügend Anweisungen und auch Tatsachen, die zum Zähneklappern sind. Für mich sind es vor allem auch die Steuergesetze, die eigentlich das Gesamtgemeinwesen steuern sollten, und doch auf übelste Weise sich in Einzelfällen verlieren, sodass niemand mehr versteht, wie die Steuerung eigentlich wirklich funktioniert.

Dies betrifft vor allem die Basisfunktionen des Lebens – meinetwegen Geburt und Tod, die Grenzfälle unserer Existenz. Von da aus – und dahin – sollten wir mit unserem modernen Wissen eigentlich ein wirklich schönes und problemloses Leben führen können. Als heutige Menschen sehen wir aber nun einmal das gesamtplanetarische Geschehen und können vor Misshelligkeiten nicht die Augen verschließen, auch wenn sie im letzten Winkel des Planeten passieren.

Heißt: Alle Menschen sind verschieden! – sollten aber alle die gleichen Chancen haben. Besonders Kinder verstehen nicht, wieso diese tollen Erwachsenen – wenn sie, die Kinder, die Welt kennenlernen – woanders nicht so gut sind wie in ihrer Kinderwelt. Die Erwachsenenprobleme sind für Kinder ja nun einmal nicht vorstellbar.

Wieder einmal ER und der „Große“: als primäre Unendlichkeitswesen. ER durch seinen Opfertod, der Große (Gott) von sich aus und durch Definition – in und durch uns – sagen uns bei Anfrage/Gebet/Bitte, was Sache ist. Locker und kühl, für Kinder selbstverständlich, weisen sie uns auf die wirklichen Wunder der Natur hin, wie Sonnenauf- und -untergang, Blühen und Fruchttragen von Pflanzen für unsere materielle Ernährung – und lassen uns dabei ahnen, wie unendlich das Geschehen in und um uns ist (siehe oben).

Ich kann immer wieder nur die Evangelien zitieren, deren Inhalt ja durch die Jenseits- und damit Gottesorientierung unseres Bruders Jesus von Nazareth schon sehr an den Elementen dieser Existenz angelehnt ist: „Wenn ihr nicht wie die Kinder werdet, kommt ihr nicht ins Himmelreich.“ Und dieses Himmelreich ist nicht da oben, sondern unsere Orientierung an den Gesetzen Gottes direkt und indirekt so, wie „einer seiner Söhne, dieser Jesus“ es sagt. Und er sagt es primär in den Evangelien und durch unser aller Gefühl für Gott, wie wir ihn in der Natur, in uns selbst – und natürlich in unseren Kindern – sehen.

Singulär ist es so gesehen jedes Ereignis, jede Zahl, jeder Gedanke, den wir einigermaßen bewusst denken. Unbewusste Gedanken? Dinge, die uns hinterher auffallen, wie beispielsweise im Augenwinkel wahrgenommene Signale, die das Gehirn nicht primär verarbeitet, sondern in einer ruhigeren Denkphase nach vorne schiebt, kennt jeder. Der Lebensablauf ist ja ein Wechselspiel gehirnlicher Datenverarbeitung und materiellen Handelns. Permanent überprüfen wir doch alle unsere Gewohnheiten auf Aktualität und Nützlichkeit, automatisch, aber auch ganz bewusst.

Der Frieling-Verlag gab als Anregung für diesen Sammelband Wendepunkte des Lebens vor, was mich als Ingenieur automatisch an den Lauf eines Eisenbahnzuges erinnerte. Der neue Hauptbahnhof Berlins hat genau das – Wendepunkte – vermieden. Dafür gibt es ganz rationale Begründungen: Anhalten ist immer ein Energie- und Zeitverlust, was die Lokführer inzwischen durch die moderne Signaltechnik auf freier Strecke so einigermaßen vermeiden können und dürfen – da kommt noch die sogenannte Ruhreibung der Radlager und des Rad-Schienenkontaktes dazu –, vor allem aber nehmen die alten Kopfbahnhöfe viel Platz weg und das Hin und Her von Zuganfang und -ende nervt auch – wenn man es eilig hat.

Nun ist Zugfahren, wenn es nicht von einer unsinnigen Schnelligkeit ist – da gibt es technische und menschliche Argumente –, eine wunderschöne Angelegenheit. So gesehen sind Kopfbahnhöfe gemütlich, und wenn es nicht allzu irrational ist, sind sie auch rational und rationell. Ähm – Stuttgart 21 lässt grüßen! Für die paar Durchgangszüge sollte ein einziger Tunnel mit Ein- und Aussteigemöglichkeit doch rational sein können – und bezahlbar. Der übrige nicht so eilige Bahnverkehr wird auf etwas geminderten Flächen und technischen Anlagen gemütlich wie bisher abgewickelt.

Wendepunkte sind also je nach individuellen Bedingungen differenzialrechnungsmäßig zu betrachten. Da gibt es Steigungsänderungswendepunkte, Minima, Maxima – und alles ist richtig, auf Zeit, wenn es gefällt, machbar und anderes nicht wichtiger ist.

Gott und Geist

… sind die Allmacht und die Fähigkeit des Menschen, diese die ewig-unendliche Unbegrenztheit zu erkennen, zumindest zu erahnen. Weil dem Menschen diese prinzipielle Unfähigkeit seiner selbst unheimlich ist, hat er viele Formen und Beschreibungen für Gott und den Geist erfunden.

Andererseits ist der Mensch eben durch die Erkenntnis seiner eigenen Begrenztheit in der Lage, innerhalb dieser seiner Grenzen fantastische Leistungen zu erbringen. Perfekt zwar nur im Rahmen des kleinen (!) Einmaleins, aber ich erinnere daran, daß Gott selbst den Aufbau der chemischen Elemente genau danach gestaltet hat. Die Ordnungszahlen der Elemente gehen von 1 bis 100 – plus-minus ein bißchen. Aber wenn man das kleine Einmaleins so einigermaßen begriffen hat, versteht man auch den Aufbau der Materie: Gold ist die Nummer 79, Platin, das edelste Material überhaupt, 78. Basis ist Wasserstoff, Nummer 1, dann kommt Helium, Nummer 2, wobei diese beiden im sogenannten Urknall entstanden sind.

Unser lebensspendender Ofen, die Sonne, wandelt durch Fusionsbrennen „1 in 2" um und hat damit Leben auf ihrem Planeten Erde ermöglicht. Und wenn wir in den Weltraum hinausgehen, sollten wir das 1-und-2-Zusammenzählen nicht vergessen. Es ist idiotisch, Menschen ohne künstliche Schwerkraft auf Dauer – heißt: mehr als ein paar Tage – in die Schwerelosigkeit zu entsenden. Die dafür Verantwortlichen gehören bestraft.

Schon in dem Film „2001" ist klar und deutlich gesagt, implizit, daß Menschen dort oben nur in rotierenden Rädern mit der darin erzeugten Schwerkraft auf der Innenbahn des Außenrandes sein dürfen. Alles andere ist, wie gesagt, kriminelle Machenschaft von Pseudoverantwortlichen.

Erst einmal genug gekeift, gehetzt. Die Fakten: Die schlimmsten Kriminellen sind die für die unverantwortliche Selbstvermehrung des Menschen Verantwortlichen – und das sind die kulturellen Wortführer des Planeten. Nehmen sie, wen sie wollen, sie finden schon die Richtigen, die sie selbst ansprechen können. Im Zweifelsfall ist man immer selbst mitverantwortlich.

Denken sie daran, der Chef -- gleich Gott – zählt immer mit. Alles ist Zahl? Ja sicher, denn alles andere ist begrenzt, auch unser winziges Universum: 13,8 Milliarden Lichtjahre – lächerlich, gemessen an der unendlichen Menge der natürlichen Zahlen, die allerdings nur im Geist des Menschen, und seiner Vorstellung von Gott, existieren.

Unsere innere Distanz zu den natürlichen Abläufen darf uns also nicht dazu verführen, Gottes Gesetze in der Natur geringzuachten. Auch wenn wir die tollsten Techniken vollführen können, wird doch unsere persönliche biologische Existenz immer an diese Biomaschine, die wir Körper nennen, gebunden bleiben. Und diese ist eine Konstruktion Gottes, die wir niemals nachahmen können, hat doch sogar ER, der Chef, Milliarden von Jahren dafür gebraucht.

Der Geist ist also alles, was uns mit ihm, Gott dem Allmächtigen, verbindet.

Also kann jeder nur seine eigene Aufgabe lösen, abarbeiten, erledigen – und anderen zuschieben? Sicher, wenn das zu seiner Aufgabe gehört. Und genau dazu haben wir den Geist erfunden, entdeckt, ihn in den letzten 2000 Jahren heiligen Geist genannt, und nun hat er uns erwischt, zumindest mich. Klingt etwas anzüglich, aber als Ungeborener – Termin war der 4. Februar 1941, erfolgt am 18. – habe ich die etwas schwierige Aufgabe gehabt, aufzuklären, warum die Dinge manchmal etwas aus dem Ruder laufen.

Dazu habe ich dann alles gelernt, was man lernen kann – selbstverständlich auf allerhöchstem Niveau: Gymnasium, neusprachlich, dabei das „große Latinum", dann Elitehochschule dieses Planeten: Technische Hochschule Charlottenburg, nach dem Krieg Universität Berlin, widerwillig auch mit Abschluß, nun ja, und dann eigenständig meiner eigentlichen Begabung nachgehen und nur noch das tun, was ich kann. Das ist und war wirklich die Grenzwertigkeit der Existenz ausloten, denn ich habe unter anderen Leonardo da Vinci und Isaac Newton in mir, als größte Menschengeister der letzten fünfhundert Jahre.

Mathematik hätte ich gerne gemacht, hat der Chef aber persönlich verhindert. ER wollte mich „auf die Logik setzen". Und wer will sich schon IHM, dem Allmächtigen, widersetzen?

So habe ich also sukzessive die Evangelien fünfmal zusammengefaßt, wollte Leo Tolstoi vor über 100 Jahren auch – sie zusammenfassen –, die Zeit war aber noch nicht reif dafür. Existiert alles beim Frieling-Verlag Berlin, die vierte Veröffentlichung nur dort, weil ich sie nicht veröffentlicht habe.

Aus dieser Arbeit ergab sich, daß die sogenannten Christen Jesus nicht verstehen, verstehen konnten und können, außer eben durch meine veröffentlichte Arbeit. Ich bin wirklich der Erste überhaupt, der dem im Evangelium enthaltenen heiligen Geist folgen konnte, weil ich den entscheidenden Protagonisten in dieser „guten Nachricht" wirklich logisch verstehe – als wissenschaftlicher Ingenieur.

Körperlich, materiell, formal sollen wir IHM gar nicht folgen, was im sogenannten christlichen Abendland aber seit 2000 Jahren behauptet wird. Denn „dieser dort" hat sein Leben im direkten Auftrag, und somit auch in DESSEN, Gottes, Verantwortung und Schuld dafür geopfert – für alle

Menschen –, damit wir unter Annahme SEINES Lebensopfers in Ruhe ganz normal arbeiten können. Alles, was also auch nur ansatzweise irgendwie nach einem Gottesopfer aussieht, ist unnötig – durch „Gott selbst" – und das sagt uns der Geist, den wir in uns haben.

Geist ist alles, was nicht Materie ist, so wie jeder es versteht, es gerade sehen will und kann.

Da kommt übrigens die Logik des Chefs, Gottes persönlich, mit hinein, so wie sie auch im Urknall als Ja-Nein-Logik enthalten ist. Die sexuelle Vermehrung ist anpassungsfähiger als die einfache Zellteilung, hat Gott, die Natur, über einige Milliarden Jahre ausprobiert und entschieden. Somit ist auch sie Teil dieses Geistes.

Die andere Dualität ist die des Lebens selbst: Ich-Erhaltung und Weitergabe des Lebens durch Vermehrung. Ein Einzel-Lebewesen MUSS vergehen, denn ewiges Leben ist der Tod, also Gott, die Ewigkeit, selbst. Aus dieser Logik ersehen sie, daß das Universum selbst auch lebt, denn es hat einen Anfang und ein Ende. Beides können wir nicht wirklich erkennen, weil dort jeweils die Unendlichkeit anfängt, aber wir können es eben logisch schließen.

Wenn es eine Unendlichkeit gibt, dann nur diese eine, denn zwei Unendlichkeiten würden ja einander begrenzen, wären also nicht unendlich. So spüren sie den heiligen Geist, den Geist Gottes – wie jeder Geist Gottes Geist ist. Denn nur in diesem Geist können wir die Unendlichkeit der Menge der natürlichen Zahlen 1, 2, 3 … ahnen, bis eben unsere Fähigkeiten aufhören, nicht aber die Zählbarkeit dieser einfachsten Zahlen, denen nichts Materielles entspricht, entsprechen kann.

Das Wesentliche an Jesus

Seit 2000 Jahren gestaltet Jesus faktisch die Welt und verändert das Miteinander der Menschen. Teilweise ist das sehr indirekt geschehen, auf Umwegen wie über die sogenannte Renaissance, teilweise indem die Menschen gezwungen waren, Fortschritte nach ihnen übergeordneten Gesetzmäßigkeiten zu machen.

Beispiele sind die französische Revolution, der erste 30-jährige Krieg und der zweite 30-jährige Krieg, wie Churchill die beiden Weltkriege im 20. Jahrhundert genannt hat. Solche Mord- und Totschlagsaktionen sind normale Natur, nur daß dort das Töten der direkten Lebenserhaltung dient, wie zum Beispiel der Nahrungsaufnahme eines Löwen. Der Mensch aber ist durch seine evolutionäre und geistige Entwicklung aufgerufen – von Gott persönlich her –, seine geistigen und Verstandeseinsichten zur Absicherung seines und des Lebens auf diesem Planeten insgesamt einzusetzen.

Der Allmächtige – Unendliche?, Gott – verlangt nun einmal von uns, daß wir die von ihm erlangten Möglichkeiten für das Leben einsetzen, insgesamt, und nicht in übermäßigem Egoismus verharren. So hat der Mensch weder Energie- noch Nahrungsprobleme, sondern ausschließlich Probleme derart, daß wider besseres Wissen die Bevölkerungszunahme nicht geregelt wird.

Jeder Mensch hat, von Gottes Regeln her – Sie können auch Natur statt Gott sagen, greifen aber damit geistig zu kurz – die Aufgabe, sich selbst und das Leben insgesamt zu erhalten, also die Ich- und Art-Erhaltung nachhaltig zu verfolgen. Er muß sich also ernähren und eine Familie gründen. Nur biologische und medizinische Gründe, also Gottes Regeln, erlauben anderes. Dabei geht es vor allem und wirklich um die Kinder, auf die kein Mensch von sich aus verzichten darf – sonst ziehen wir uns Gottes „negative Aufmerksamkeit" – Zorn? – zu.

Die Ehe ist eine Gottes- und damit religiöse Angelegenheit und steht menschlichen Regelbedürfnissen nicht zur Verfügung. Wer aus oben genannten Gründen eine Ehe nicht eingehen kann, hat das für die Öffentlichkeit, also insbesondere für Kinder und Jugendliche, so zu regeln, daß es bedingungslos dem Gemeinwohl dient. Jede persönliche Mangelhaftigkeit ist intern, also unter den Erwachsenen, gegebenenfalls therapeutisch, so zu regeln, daß unsere Kinder nicht unnötig durch Erwachsenenprobleme beeinträchtigt werden. Anderenfalls werden deren Unzulänglichkeiten ja immer wieder auf die nachwachsenden Kinder übertragen.

Rechnerisch läuft es also darauf hinaus, daß zwei Kinder mit einem Vater und einer Mutter Ehebedingung sind. Da das Rechnen, neben der Emotionalität, der direkteste und beste Zugang zu Gott ist, als Liebe ausschließlich im Selbstopfertod Jesu, unseres Bruders, funktioniert eine Ehe eben auch nur so. Sie können davon ausgehen, daß Gott als Unendlicher immer besser wird rechnen können als wir – weil (!) er eben auch die Unendlichkeit erfaßt, was uns nicht einmal im Tod erlaubt sein wird.

Nehmen Sie das kleine Einmaleins. Wenn Sie sich diese Zahlen und ihre Zusammenhänge durch den Kopf gehen lassen, stellen Sie sehr schnell fest, daß die hier wirkenden Prinzipien vom Menschen nur entdeckt werden konnten, sie waren also schon immer da. Beispiel: das Periodensystem der chemischen Elemente. Die Atomkernwertigkeiten reichen circa von 1 bis 100 – das weiß heute jedes Kind. Und vor 150 Jahren war man gerade erst dabei, diese Systematik zu erforschen und darzustellen. Zu meiner Schulzeit in den fünfziger Jahren waren immer noch nicht alle Elemente bekannt – und heute können ihnen die Werkstofftechniker die Moleküle konstruieren, die Sie haben wollen, wenn es denn technisch möglich ist.

Da sollten wir wohl auch in der Lage sein, die Menschenmenge für das Raumschiff Erde so einzustellen, daß nicht nur alle Menschen genug für ihre Ernährung haben, sondern allen auch das allgemeine Grundwissen zur Verfügung steht – und, darauf aufbauend, es für jeden Arbeit gibt, die ihm eine persönliche Selbstbestätigung ermöglicht. Auch das angebliche Energieproblem ist absolut lächerlich. Es ist die Feigheit vor der Erkenntnis, daß es wirklich einen Menschen gab, der sein Leben ohne Schuld von irgendjemandem für uns geopfert hat, als für die Ewigkeit geltendes Menschenopfer. Dies war abschließend der Tiernatur des Menschen geschuldet.

Nur so kann der Mensch dann einigermaßen frei und richtig rechnend die derzeitige Planetenzerstörung stoppen und in den Weltraum hinausgehend unser Raumschiff Erde zu einem Ferienparadies entwickeln, die lebendige Natur der Erde konstruktiv unterstützend. Beispielsweise ist die Differentialrechnung aus der Menschenexistenz nicht mehr wegzudenken. Sie war nur in den Freiräumen entdeckbar, wie sie sich aus der Renaissance vor vier- bis sechshundert Jahren entwickelten. Die Natur- und Technikwissenschaften haben eben so die heutige technikbestimmte Welt geschaffen, leider eben auch immer noch über kriegerische, also NICHT berechnete Auseinandersetzungen zwischen Menschen und Menschengruppen.

Ich bin absolut intolerant – wenn es um das Rechnen geht. Der einzelne Mensch ist heilig – durch eben dieses eine Menschenopfer, das prinzipiell, eben rechnerisch!, nicht wiederholbar ist, denn das wäre eine Beleidigung – unser selbst – weil wir allzu begriffsstutzig sind?

Sind wir nicht, nur Mut. Newton, Entdecker der Differentialrechnung, mit Leibniz zusammen, aufbauend auf Kopernikus, Galileo, Kepler – Newton war Kepler-Fan! –, hat von Keplers Planetengesetzen seine Gravitationsgesetze abgeleitet. Die Differentialrechnung gehört „irgendwie" dazu – und hat die nachfolgenden Generationen von Mathematikern und Naturwissenschaftlern nachhaltigst – positiv! – beeinflußt.

Der Umgang mit unendlichen Reihen, also Zahlenfolgen, aus dem die Differentialrechnung sich ableiten ließ, wird heute in absoluter Höchstgeschwindigkeit von Rechenanlagen in aller Welt routinemäßig absolviert. Beispiele mögen die Weltraumbeobachtung und die Raumfahrt selbst sein. Die Sternbeobachtung ist absolute Hightech, und die Raumfahrt ja wohl nicht minder. Desgleichen sind alle modernen Maschinen und deren Produktion berechnet, und zwar in jeder Hinsicht, formal, inhaltlich, menschenbezogen, wirkungsorientiert – nur an die Umwelt denkt man wohl nicht hinreichend nachhaltig.

Seine Tiernatur kann der Mensch eben nur in innerer Orientierung am Lebensopfer Jesu in den Griff bekommen, indem dadurch eine rechnerische Lebensführung überhaupt erst möglich wird. Vertrauen der Menschen zueinander ist eben nur in gemeinsamer Orientierung am Jenseits und so auch einer vernünftigen Lebensführung auf den eigenen Tod hin möglich. Nur in solch bewußter Einbettung des Menschen mit seinem begrenzten Leben in die lebendige Natur der Erde kann für alle Menschen ein freudvolles Leben gelingen.

Im Laufe der Jahrtausende hat sich die Hinwendung zu den Sternen immer mehr intensiviert, so daß wir heute auch ganz persönlich uns auf den Weg zu ihnen machen. Und diese Aufgabe ist nach wie vor sehr anspruchsvoll und hilft uns, unserer eigenen Begrenztheit so nachsichtig zu begegnen, daß wir auch miteinander duldsamer werden. Nur in einem Gesamtmiteinander der Menschen kann Gott als Unendlicher zufrieden mit uns sein.

Die verschiedenen Unendlichkeitsorientierungen der Menschen werden in den entsprechenden Traditionen sicher noch lange weiterleben. Aber richtig rechnen müssen heute alle Menschen, weil niemand mehr, ohne den anderen zu berücksichtigen, die Natur unseres Planeten belasten darf. Freiheit im absoluten Sinne gibt es nicht, es wäre der Tod, also die Freiheit vom Leben und der Bindung unserer Seele an unseren Körper. In rechnerisch-präzisem Sinn heißt das Freiheitsgrad. Ein Rad beispielsweise kann sich nur drehen – vor- und rückwärts. Eine seitliche Verschiebung ist schon wieder ein Sonderfall, der entsprechend zu bedenken und zu berechnen ist.

In den Jahrtausenden haben sich viele Ungereimtheiten angesammelt, sind beseitigt worden, wurden durch neue ersetzt, und wir Heutigen haben die Aufgabe, ein endgültiges kulturelles Gerüst zu definieren, das ein rechnerisches, also wirklich friedliches Miteinander aller Menschen ermöglicht. Und das kann nur mit rechnerischer und rechnender Vernunft erarbeitet werden.

Das Ganze nennt man Ordnung, der die Einzelnen nur dienen können, jeder auf seine Weise, die selbstverständlich wieder zu berechnen ist. Daraus ergibt sich ein Hineinwachsen aller Kinder in eine Erwachsenenwelt, für die wir uns dann nicht mehr schämen müssen.

Dazu gehört eine wirkliche und umfassende Offenheit in allen Dingen für alle Menschen zueinander. Datenschutz? –

Eine wirkliche und übelste Idiotie des Menschen. Wenn Sie Menschen schützen wollen, dürfen Sie keine Daten schützen, außer in einem persönlichen und taktischen Bereich, damit Sie nicht unnötig bei der Arbeit gestört werden. Alle Menschen leben füreinander. Stellen Sie sich doch einfach vor, wie wir in künstlichen Raumschiffen miteinander umzugehen hätten. Und die heutigen Raumstationen sind durchaus ein gutes Beispiel, arbeiten doch, wenigstens dort, unterschiedlichste Nationen konstruktiv zusammen.

So ist es „dieses eine Menschenopfer", das wir wirklich ernst nehmen müssen – um die auch heute noch allerschlimmsten Menschenopfer infolge mangelnder Organisation und Ordnung von Menschengruppen in ein erträgliches Miteinander durch ausschließlich positive Zielsetzungen zu überführen. DAS ist ein Prinzip, das Sie als solches durch eigenes Nachdenken leicht erkennen.

Entschuldigung für den Satzbau – mein Gehirn funktioniert nur so.

Humanität und Religion

Gerade in diesen beiden Bereichen geht es vor allem auch um Liebe, und Liebe ist immer die Liebe Gottes, des Allmächtigen zuerst. Zwar ist die biologische Liebe am offensichtlichsten, aber verständlich ist vor allen anderen Formen die wechselseitige Liebe zwischen Eltern und Kindern, die wir alle ja zumindest aus kindlicher Sicht in irgendeiner Form erlebt haben.

Die elterliche Liebe hat den chaotischen Gottesaspekt in einer anderen Form in sich als die kindliche Liebe, die aus der Entwicklung des Lebens über die Milliarden-Jahre-Entwicklung der Erde sich zwingend ergibt. Kinder sind direkte Gottesboten, wie die heute bekannte Genentschlüsselung es in ihrer Komplexität auch wissenschaftlich darstellt.

Diese Kompliziertheit der Erbinformationsweitergabe trifft sich mit den Naturwissenschaften und der Technik als Methode in der extremsten Atomphysik. Dort ist die prinzipielle Funktion des Lebens wohl ebenfalls angesiedelt, ohne daß wir das bisher – auch nur ansatzweise – wirklich verstünden. Die Logik sagt, das werden wir „vielleicht" nie wirklich verstehen können, weil wir uns selbst genauso wenig verstehen können, wie man sich ohne einen Gegenhalt am eigenen Zopf aus dem Sumpf ziehen kann.

Und da haben Sie den Kern aller Liebe und Humanität – der Mensch ist nun mal von der Basis her Biologiewesen –: den Lebenswillen aller Lebewesen. Dieser kommt aus der nicht erkennbaren Unendlichkeit des Ursprungs aller Dinge.

Die Humanität als Begriff hat sich vor zirka 500 Jahren mit der Renaissance aus dem Bemühen ergeben, die Formalisierung des sogenannten Christentums wieder in ein lebendigeres Miteinander zu überführen. Der Mensch an sich ist aber als Biologiewesen ganz normales Säugetier, allerdings mit einem extrem entwickelten Gehirn. Dieses hat sich aus der gehirnlichen Datenverarbeitung ergeben, als Säugetier Mensch bemerkte, daß er vor keinem Lebewesen mehr Angst haben mußte, weil er im Zweifelsfall alle und alles sich als Nahrung verfügbar machen konnte. Und wir Heutigen sollten genau das nachhaltigst bedenken, denn diese etwas einseitige und platte Lebensorientierung müssen wir schnellstens überwinden, denn wenn nicht, geht der Planet Erde an unserer Dummheit zugrunde – und Gott, die Natur, sagt sich, auf zur nächsten Lebensform, die vielleicht etwas weiter kommt.

Wir haben die logischen Methoden der Mathematik und deren Anwendungen aller Art! Wir müssen nur Gott selbst fragen – und er gibt uns Antworten – schnellstens und einfachst, indem er uns auf uns selbst verweist. Wir wissen ganz genau, was wir falsch machen. Die Methode ist: vereinfachen, sortieren, neu ordnen, das, was immer uns gerade beschäftigt.

Unordnung entsteht von allein. Nichts ordnet sich selbst, außer das Universum, das sich abkühlt. Aus der Ordnung, die der Mensch sich geschaffen hat – auf Basis der natürlich Ordnungen, die wir ja nun umfassend kennen – gilt es, immer wieder neu, die vorhandenen Strukturen zu erhalten, zu ändern und manchmal auch neue zu erschaffen.

Insgesamt müssen wir Menschen uns heute als Ganzes in die Schöpfung Gottes, die Natur – des Planeten Erde – oder wie immer sie die materielle Umgebung des Menschen nennen wollen, also in die heute bestens bekannte Systematik des Lebens einordnen. Es ist meiner Ansicht nach engstirnigste und feige „Verzagtheit", die uns nur auf unser eigenes Wohl schauen läßt, statt die Verlogenheit in all den sogenannten geistigen Strukturen als das zu kennzeichnen, was sie sind: Feigheit vor dem Feind.

Ich habe als Kind noch gelernt, auf Feigheit und Verrat steht die Todesstrafe durch sofortiges Erschießen, was ja richtig ist – im Krieg. Der heutige Krieg aber geht von uns selbst gegen uns selbst. Logik: Die Todesstrafe bringt es nicht mehr.

Wir müssen also wirklich, wie gesagt, rechnerisch an die Menschheitsprobleme herangehen, auch für die Schuldigen. Da es keinen fehlerfreien Menschen gibt, sind wir alle schuldig. Die unterschiedlichen Schuldhaftigkeiten der Einzelnen zu verschiedenen Tatbeständen sind jeweils akut und aktuell zu bedenken, zu würdigen und entsprechend – auszugleichen!

Kein Mensch wird schuldig geboren oder will schuldig werden. Die Lebensumstände sind es also, die permanent zu optimieren sind. In unserer technischen Welt sollte das leicht möglich sein, da sie vom Menschen sowieso schon wesentlich gestaltet wird.

Tatsächlich geht es also um die an- und ausdauernde Verfolgung von positiven Zielen, die der Mensch als solche erkannt hat. Diese sind selbstverständlich immer wieder an den auch theoretischen Menschheitsfortschritt anzupassen, komme er aus menschlichen Erfahrungen, Überlegungen oder aus göttlichen Eingebungen, die als solche allgemein erkennbar und akzeptabel sind. Hierzu bitte ich meine Gottesdefinitionen wirklich mal zu verinnerlichen.

Gott als Allmächtiger oder was immer Sie hinter diesem Begriff vermuten oder verstehen wollen, ist jedenfalls irgendwo „dahinten" in der Unendlichkeit verankert. Da die Unendlichkeit auch im Kleinsten – siehe die Null, die nur eine Adresse SEIN (!) kann – so „sich zeigt", wie sie, die Unendlichkeit, es will, ist der Begriff Gott als Wort „mit irgendeiner Bedeutung" sicher zulässig.

Und so bin ich wieder bei meinem/unserem großen Bruder Jesus von Nazareth, der eine Singularität ist, ob Sie wollen oder nicht. Sein Lebensopfer, in gewisser Weise die Fortsetzung des Lebensopfers von Sokrates 400 Jahre vor ihm, hat in den vergangenen 2000 Jahren Stück für Stück den Menschen von der Bestie, die dieser auch noch zu Jesu Zeiten war, zum mitmenschlichen Miteinander geführt, wie es heute teilweise doch sehr positiv zu erkennen ist.

Die Funktion des Menschen mit seinen Lebensinteressen im lebendigen Leben der Erde, mit dieser im heute sehr bekannten Universum und darüber hinaus in den geistig erkennbaren Welten ist so wichtig geworden, daß das gesamte höhere Leben auf der Erde von des Menschen Intelligenz abhängt. Und dabei – !!! – ist die Gottorientierung von absoluter Wichtigkeit. „Gott als solcher" ist in seiner – auch – vorhandenen Unendlichkeit eben nicht mit dem Verstand erfaßbar, außer formal rechnerisch, wobei der Verstand aber als direkte Funktion Gottes funktioniert.

So tut das ja auch die Genetik, unsere Erbinformationsweitergabe bei der Zeugung von Nachkommen. Für mich ist das alles infolge meiner extremen Lebensführung – deutscher Diplomingenieur als alleroberste Berufsausbildung: von wissenschaftlicher Seite von Mathematik und Naturwissenschaft gefüttert, von der lebenspraktischen Seite von den Fachkräften aller Art – zur produktionstechnischen Betriebsanleitung geworden, die ich, so gut ich kann, schriftlich fixiert habe und öffentlich verfügbar.

Echnaton und Nofretete haben vor 3350 Jahren die Sonne zum einen und einzigen Gott erhoben, nicht hinreichend exakt, was sie eigentlich auch damals sich hätten überlegen können – sage ich mal. Die damaligen Juden haben ihre

Eingott-Überlegungen noch mal bestätigt gesehen und diese
dann beim Auszug aus Ägypten mitgenommen. Gott als Unendlicher ist aber materiell nicht faßbar, auch wenn die Juden
bis zu Jesus das noch so energisch und klug versucht haben.

Jesus muß das wohl begriffen haben und hat das dann auf
das menschliche Leben im Prinzip bezogen. Wir kommen
aus einer unüberschaubaren Reihe von „Ereignissen", sprich
Vorfahren, weshalb im alten Testament die Rückschau des
Menschen auf zirka 10 000 Jahre bis zu Abraham und Noah
begrenzt wurde. Erst durch Jesus selbst und seinen Opfertod
ist uns die Angst vor Unbekanntem dann wirklich genommen
worden und wir sind bei der höheren Mathematik gelandet.

Mit dieser konnten wir dann die physikalisch-chemisch-
biologischen Bedingungen unserer Existenz nachhaltig weiter
erforschen. Heute wissen wir über die Astrophysik, daß das
Universum erstens „als solches" existiert – und 13,8 Milliarden Jahre alt ist. Die Menge der Galaxien ist entsprechend abgeschätzt worden, ebenso die Menge der Sterne pro
Galaxie. Dazu gibt es dunkle Materie und dunkle Energie,
letztere aber nur sehr indirekt aus gravitativen Ereignissen
der Milchstraßen-/Galaxienbewegungen und des Verhaltens
unseres Universums insgesamt logisch erschlossen.

Und wir alle müssen uns vor diesem Geschehen fragen lassen, vom Universum selbst, einem TEIL! Gottes, was machen
wir mit dieser Verantwortung vor unseren Vorfahren und
unseren Nachfahren, also unseren Kindern. Die Datenlage
sagt, wir selbst, WIR Menschen, sind dabei, den Planeten
Erde, dieses absolut fantastische Raumschiff, zu zerstören –
wodurch eigentlich?

Jeder sieht, bei auch nur minimalem Nachdenken, daß wir
noch sehr viel planerischer und rechnerischer unser Leben
gestalten müssen. Und wir können das locker, wenn wir nur

wollen bzw. von unserem allzu blinden Egoismus ablassen. Alle Menschen können bei unseren heutigen Fähigkeiten normal leben, allerdings auf der rechnerischen Basis, daß jeder Mensch nur zwei Kinder hat und die Menge der Menschen insgesamt abgestimmt wird auf die Naturkapazität des Raumschiffs Erde. Sowas nennt man „nachhaltig wirtschaften".

Aus psychohygienischen Gründen muß allerdings auch jeder Mensch zwei Kinder haben, weil kein Mensch glücklich werden kann, wenn er diesem Gottesprogramm von sich aus ausweicht. Im Kern ist das auch die Basis wirklicher Demokratie, die die sachlich erforderlichen Aufgaben nach den menschlichen Möglichkeiten verteilt.

Und die Rechtfertigung für diese Betrachtungsweise? Unsere Angstfreiheit, die nur aus Jesu Selbstopfertod sich ableiten läßt und seit 2000 Jahren, teilweise sehr indirekt, abgeleitet wurde. Er, Jesus, muß wohl sein Lebensopfer auch errechnet haben und dann, mit Gott persönlich, angstfrei auch verwirklicht – Johannes und Judas ihm vorangehend.

Gott als Liebe

Es gibt die Bezeichnung „Gott". Für den Menschen als begrenztes Wesen kann eine Adresse wie diese Bezeichnung nicht inhaltslos sein. Also existiert etwas hinter dieser Benennung „Gott".

Dieses Etwas hat sich in der Menschenentwicklung immer festgemacht an jeweils unverstandener Lebenserfahrung, die der Mensch erlebte. Sterne waren es neben anderen Naturereignissen schon immer – und ein wenig sind sie es heute noch. Vor allem aber sind für den modernen Menschen seine eigenen Unfähigkeiten heute unverständlich.

So stehe ich beispielsweise ungläubig vor der geistigen „Substanz" der Tagesnachrichten. Da werden katastrophale Ereignisse von Mitmenschen unseres Planeten berichtet, als wären diese schicksalhaft. Und dabei sind es nur tiergleiche Menschenaktionen, die passieren, weil nicht gerechnet wird, sondern sogenannte Glaubensinhalte als Maßstäbe gelten, die dann zwingend in Katastrophen führen.

Nun gebe ich zu, daß es beängstigend ist, sich klarzumachen, daß alle Menschen auf diesem Planeten friedlich miteinander auskommen können, wenn sie die Gesetze der Natur mit Verstand beachten. Diese Gesetze, und auch das Rechnen, sind heute allgemein bekannt oder könnten es sein.

Die Natur ist teilweise noch rätselhaft, besonders die Natur des Menschen selbst. Und da kommen die hinter den Naturereignissen wirkenden übergeordneten Gesetze ins Spiel, die aber eigentlich auch schon sehr weit bekannt sind. Diese zu verstehen erzwingt einen modernen Gottesbegriff, der die Prinzipien unseres modernen Lebens erklärt, indem er darüber hinausgeht. Eine solche Auffassung von

Gott erklärt also ihre eigene Entwicklung in der Menschengeschichte und ist logisch an das heutige Menschenwissen gekoppelt.

Dies ist leicht über eine moderne Unendlichkeitsbetrachtung möglich, was gerade von Kindern auch leicht erfasst wird. Das wiederum hilft den doch sehr belasteten Erwachsenen, sich Gott zu nähern. Denn auf Kinder hört man gern, weil sie die Dinge auch in Frageform vorbringen.

Die Unerkennbar- und Unendlichkeit haben sich so aus den sinnlichen Erfahrungen der Natur- und Sternbeobachtung heute in den Geist des Menschen selbst verlagert, eben in seine Rechenfähigkeit. Und genau so hat ein „alter Grieche" schon vor zweieinhalbtausend Jahren gesagt: Alles ist Zahl. Und genau das gilt auch heute noch – auch mit und für die modernste Mathematik, denn im Kern sind auch die akrobatischsten mathematischen Methoden Formallogiken, die nur für uns in unserem Universum gelten.

Gott aber – wie unsere Beziehungen zu ihm – geht über unser Universum hinaus. Und dafür gibt es sogar mathematisch-physikalisch errechnete Hinweise, die nicht nur Phantasie, sondern durchaus auch logisch mit dem modernen Weltbild des Menschen verkoppelt sind. Diese neue Weltsicht des 20. und 21. Jahrhunderts hebt so die mittelalterlichen Glaubenswahrheiten auf – für jeden, der nur ansatzweise ehrlich über die Zukunft unseres Planeten nachdenkt.

Also, die Prinzipien und Grundbegriffe von Quanten- und Relativitätstheorie im Hinterkopf – die Atombombe ist ein „Relativitätsereignis", das auf Quanteneffekten beruht –, wird klar: Gott der Allmächtige, der das ja alles sieht, meint logischerweise, daß wir das für das Leben nutzen sollen und nicht zur Zerstörung. ER, Gott, ist der Unendliche, also am leichtesten zu sehen in der Menge der natürlichen Zahlen, die für uns eben nicht überblickbar sind.

Auch die einfachste Zahl ist nur am Beispiel erkennbar, denn wir Menschen sind bedingungslos an diese – fantastische! – Biomaschine gebunden, die wir Körper nennen. Diese ist kein Produkt von uns, sondern sowohl in Konstruktion wie auch in tatsächlicher Ausführung Ergebnis von Gottes Wirken, das nicht nur in seinen Naturgesetzen erkennbar ist, sondern auch an unserer eigenen Relativität zu diesen und uns selbst. Daß der Begriff „Liebe" sich gerade auch persönlich an der Schaffung neuen Lebens festmacht, ist kein Zufall.

Da der Geist des Menschen seine beste Sonde zum Erkennen Gottes ist und sich der Menschengeist primär am Rechnen und Kalkulieren festmacht, ist das einfache Abzählen von „irgendwas" auch der einfachste Zugang zu IHM, Gott dem Ewigen. Unendlichkeit, Gott, ist überall spürbar, wo wir an Grenzen stoßen. Auch bekannte Grenzen erinnern uns immer wieder an unsere Begrenztheit.

Wenn wir nun genau diese Begrenztheit wirklich gottgefällig verwalten wollen, müssen wir also rechnerisch an die Probleme des Menschen herangehen – und zwar an alle Probleme, die der Mensch erkennt und hat. Nur dann können wir unnötige Friktionen, also Brüche, vermeiden.

Und diese Betrachtung ist auch rückwärts – zeitlich! – durchzuführen, um die vergangenen im Menschengedächtnis gespeicherten Ereignisse neu zu bewerten. Da ist zum Beispiel die Siegfriedsage. Herrmann der Cherusker, Germanenfürst mit altrömischer Erziehung, hat nach neuesten Erkenntnissen durch Verrat an den ihm vertrauenden Römern zu einem Blutbad im Teutoburger Wald beigetragen, das er mit etwas Menschenvernunft wohl hätte verhindern können.

Aber da kommt die prinzipielle Zwanghaftigkeit des Menschen mit seiner säugetier-basierten Vernunft ins Spiel. Die Körperbindung, eben auch des Menschen und nicht nur des Löwen, der ja eigentlich auch ein anständiger Kerl ist, zwingt uns zu gegebenenfalls brutalen Aktionen, bei denen es eben keinen Verrat gibt. Überleben ist dann die Devise, eben auch der Art, heißt: Die Weibchenorientierung des Männchens zwingt dieses zu dann doch teilweise sehr minderbemittelten Aktionen, geistig jedenfalls.

Und da bin ich wieder beim Rechnen, das für den Menschen zu einer absolut bindenden Begleiterscheinung aller Tätigkeiten geworden ist, denn ohne den Körper, zu dem ja auch das Gehirn gehört, vermag er, der Mensch, nichts. Selbstverständlich nutzt auch jeder Löwe sein Gehirn. Aber seine Rechenfähigkeit ist dann doch – zumindest bei der Differentialrechnung – nicht vergleichbar mit der des Menschen.

In einer Fernsehsendung habe ich mal einen Löwen kennengelernt, der durch seine starke Menschenorientierung sich mit seinesgleichen nicht mehr arrangieren konnte. Er ist dann aus Kummer gestorben. Etwas älter war er zwar auch schon, aber seine Traurigkeit über seine persönliche Begrenztheit war wohl der wesentliche Grund.

Zurück zur Überschrift: Gott als Liebe, das kann nur auch im Wesentlichen rechnerisch gemeint sein. Gott als Unendlicher (wie die Menge der natürlichen Zahlen als allereinfachste Unendlichkeit) ist bei der möglichen Menge von Grenzwertbetrachtungen, die in sich und auch in der Menge selbst unendlich sind, immer und überall dabei. Das können Sie selbst empfinden und herausspüren, wenn Sie einen Moment darüber nachdenken; die Menge der natürlichen Zahlen – 1, 2, 3 … und beliebig so weiter – ist klar – oder nicht? Na denn – und auch so: rein in meine Schriften – und in die Evangelien, die bei mir zusammengefaßt auch „irgendwo" enthalten sind, z. B. in „Jesus Menschenbruder" von 2005 im Frieling-Verlag Berlin.

Gott als Naturkonstante

Alles nicht vom Menschen Geschaffene ist Natur, also von vornherein existierend und seiend. Es kann belebt und unbelebt sein wie Pflanzen und Sterne. Bei Sternen allerdings wissen wir nicht, ob sie Planeten haben oder andere Begleitkörper, die Leben tragen könnten.

Planeten bei anderen Sternen hat man wohl schon entdeckt, ob aber Leben auf diesen möglich ist, steht noch dahin. Natur ist so alles, mit dem der Mensch lebt und was er für sein Leben nutzen kann. Bei der Optimierung der Naturausbeutung hat der Mensch Gesetze entdeckt, die dabei hilfreich waren und sind. Das ist inzwischen so weit gediehen, daß die Natur zum großen Teil dem Menschen so dient, wie dieser es will.

Selbstverständlich gilt das nur für den Planeten Erde – und die Energie- gleich Wärmestrahlung der Sonne, unseres Heimatsterns. Die Energieproduktion der Sonne durch atomares Fusionsbrennen läuft schon fünf Milliarden Jahre und wird noch ebenso lange anhalten. Nur wird durch den Brennstoffverbrauch, primär Wasserstoff, die innere Brennschale langsam immer weiter nach außen wandern, und die Oberflächentemperatur unseres Lebensofens steigt langsam.

Durch den erhöhten Innendruck intensivieren sich auch Zwischenprozesse der Fusion anderer und neu gebildeter Elemente. Ergebnis: Wir haben nur noch eine Milliarde Jahre, um „hier die Kurve zu kratzen". Aber Mann! – 'ne Milliarde Jahre! – entsprechend weit in der Zeit zurück war noch kein Leben auf dem Festland möglich, was mir als Wassermann natürlich schmeichelt.

Höheres Leben an Land ist erst 450 Millionen Jahre möglich, also eine knappe halbe Milliarde.

Heißt das nun: zurück ins Wasser? Eher nicht, sondern

umgekehrt, weiter weg vom Wasser, also in die Luft und
darüber hinaus – in den Weltraum. Die Rechenfähigkeit des
Menschen gibt ganz klar diese Vorgabe.

Da draußen müssen wir sowieso alle Tätigkeiten des
Menschen exaktestens planen, fangen wir also – auch trai-
ningshalber! – hier schon an. Und vielleicht ist das ja der
Hauptzweck der Weltraumorientierung des Menschen, diesen „Weggang" von der Erde, unserem Geburtsraumschiff,
so zu trainieren, daß wir unnötige Dummheiten vermeiden,
die ja selbst auf diesem von Gott persönlich geschaffenen
Raumschiff schon zu grundsätzlich zerstörerischen Verhaltensweisen des Menschen geführt haben.

Und es ist die Verlogenheit des Menschen in den wichtigsten Steuerungsbereichen, die er, der Mensch, hat. Die sogenannten Religionen und Philosophien, Moralvorstellungen,
Ethikideen und was immer Sie wollen, sind auch in den
sogenannten Hochkulturen – Namen nenne ich mal lieber
nicht! – nicht hinreichend gewesen, um auch nur die übelsten
Kriege zu vermeiden. Gucken sie sich die letzten 500 Jahre
an, und Sie wissen, was ich meine.

Da die Erbinformationen, denen ja auch die menschliche
Fortpflanzung bedingungslos zu folgen hat (was sie ja auch
tut), über höchste Rechentechnik inzwischen entschlüsselt ist,
könnten wir eigentlich, schon seit 10 Jahren, entsprechend
auch das Gesamtverhalten des Menschen steuern – mithilfe
eben auch dieser Rechentechnik, sagen Sie Datenverarbeitung, wenn sie wollen. Leider kommen aber da immer noch
diese absolut schlimmsten sogenannten Glaubensidiotien da-
zwischen. Und dabei habe ich Jesus – von Nazareth – doch
schon lange als eine Singularität – und die sind immer von
Gott! – „entlarvt". Sein Lebensopfer ist die Basis, auch rechnerisch!, aller heutigen modernen Lebenseinrichtungen, die

dem Menschen ein absolut paradiesisches Leben heute schon ermöglichen, eigentlich ziemlich weitgehend.

Wir sollten wirklich den Mut haben, das konsequent für alle Menschen einzufordern – was ich hiermit – wieder einmal? – tue. Aus biopsychologischen und gottbedingten psychischen, also seelischen, Gründen hat jeder geborene – die Gestorbenen unterliegen anderen Bedingungen – Mensch die Pflicht, zu leben und Nachkommen zu zeugen, wenn medizinisch und biologisch möglich. Gott, die Natur, unsere Erbinformationen – die Gene – lassen da nicht mit sich spaßen – wenn es um Leben und Tod geht – wissen wir alle.

Gott ist immer und überall dabei – als Allmächtiger, Ewiger und Unendlicher, sagte ich schon, zumindest in früheren Schriften. Klar, denn wir selbst sind ja ein Teil der Unendlichkeit und sollten uns hüten, unsere Grenzen, seien sie körperlich oder geistig-seelisch, unnötig „auszutesten". Dazu hat der Mensch schon immer das Jenseits um Rat gefragt – und ist dadurch ja auch erst Mensch geworden. Daß die Tiere das auf ihre Art auch tun, erforschen wir inzwischen einigermaßen ehrlich.

Fehler im Miteinander des Menschen und der Natur, auch mit seiner höchsteigenen Körpergebundenheitsnatur, muß der Mensch also mit größtmöglicher Sorgfalt – im besten Sinne berechnend – zu vermeiden suchen. Dazu sind alle Menschen aufgerufen.

Die heutige Gesamtmenschenmenge erzwingt eine maximale Kinderzahl von 2 für jedes Ehepaar, gleichzeitig auch die Mindestmenge, weil ein, auch genau durch diese Kinderzahl definiertes, Ehepaar, ja für jeden ein Kind haben muß – wegen der Eifersucht? – Jedenfalls ist die Ehe eine Gottesangelegenheit, weil DIE Kinder ja Vater und Mutter brauchen. Alles andere ist Sexismus, der für das Verstandeswesen Mensch allerdings nicht 100-prozentig auszuschließen ist. Ich würd' ja gern sagen, wegen der Quantenfluktuation, aber etwas genauer: wegen der prinzipiellen Fehlbarkeit des Menschen. Was aber nicht sein darf und zumindest auf Dauer auch nicht geduldet werden darf, ist, daß Fehler schöngeredet werden oder gar zur Gesetzmäßigkeit erhoben werden, wie die sogenannte Homoehe.

Ich komme persönlich mit allen Menschen gut aus. Aber wir sollten die Vorbedingungen für das kindliche Aufwachsen nicht unnötig erschweren. Damit Erwachsene wirklich gut für die Kinder da sein können, brauchen sie eine innere Orientierung, die aus ihnen selbst heraus wirkt, und das kann nur eine prinzipielle, gottorientierte Basisinformation sein. Wes Brot ich ess, des Lied ich sing. Zur Zeit von Luther war das gängige Praxis, jedenfalls bezogen auf den Glauben des Fürsten, in dessen Bereich man lebte. Katholisch oder evangelisch – das ist hier die Frage? Mitnichten. Denn beide Formen haben in den letzten 500 Jahren absolut versagt.

Wenn Jesus als Singularität, also mit seinem Selbst(!)opfertod einzigartig ist, was singulär ja heißt, kann es keine verschiedenen Formen geben, die einander widersprechen. Und die Widersprüche der beiden Großkirchen im deutschsprachigen Raum sind ausschließlich formalistisch, was Jesus in uns nicht wirklich gutheißen kann.

Was ist nun konstant an Gott bezogen auf die Natur – auch des Menschen? – dessen Natur eigentlich bisher auf geradezu unnatürliche Art mißbraucht wurde, zumindest in den sogenannten 30-jährigen Kriegen – 1618-1648 und 1914 -1945? Seine Unendlichkeit – in allen vorstellbaren Facetten, am einfachsten in den nicht abzählbaren natürlichen Zahlen? Da wir Unendlichkeit jedweder Art nicht beurteilen können, muß es etwas anderes sein, zum Beispiel die Fähigkeit des Menschen, mit Grenzen klarzukommen.

Dazu gibt es über die Jahrhunderte und Jahrtausende eine kontinuierliche Verbesserung. Bedenken Sie, daß, prozentual, wir im Paradies leben, denn Mord und Totschlag war noch im Mittelalter gang und gäbe, davor sowieso auch. Heute aber können wir alle Menschen ins Paradies holen – wenn wir richtig rechnen.

Gott als Rechenfunktion

Der Mensch irrt, solang er lebt. Gott rechnet, soweit wir IHN erkennen können – angefangen, als wir noch im Urwald in Afrika vor circa 4 bis 6 Millionen Jahren uns von Ast zu Ast schwangen. Wir waren schon die Oberprimaten, mußten aber runter von den Bäumen ins Buschland, weil das Klima sich änderte und die Bäume in unserer Gegend seltener wurden. Wir gewöhnten uns über viele Generationen an das Laufen und aufrechte Gehen, um Bedrohungen und auch Beute erkennen zu können.

Vom Turnen in den Bäumen hatten wir die Greifhände mitgebracht, die sonst niemand im Flachland besaß. Dadurch konnten wir uns gegebenenfalls auch vor Wesen, die uns als Nahrung betrachteten, auf Bäume, unsere alte Heimat, retten, was wir zwar heute noch (wie auch der Jaguar, sogar mit Beute) können (aber dieser ist Einzeljäger, wir dagegen waren und sind immer gruppenorientiert).

Dies impliziert – schließt ein –, daß wir auch unsere in den Bäumen schon entwickelte Fernkommunikation mittels Lautäußerungen (wahrscheinlich schon damals sehr viel differenzierter als die der Brüllaffen heute), aus der dann unsere heutige Sprache entstand, perfektionierten bis zu den Logikäußerungen des modernen Menschen. Nun steht wieder ein Heimatwechsel an – und zwar ganz radikal: Wir müssen unsere Tiernatur ganz und gar in den geistigen Griff bekommen – das Rechnen mit voller Absicht und Bewußtsein.

Das unbewußte Rechnen und Kalkulieren beim Übergang von den Bäumen in die Savanne – im afrikanischen Grabenbruch und seiner Umgebung, soweit heute bekannt – müssen wir mit äußerster Energie auf den Übergang zu be- und er-rechnetem Verhalten aller Menschen übertragen. Dabei ist das Wohl nicht nur des Menschen, sondern auch aller anderen Lebewesen geistig einzubinden, denn der 3. Weltkrieg läuft ja schon länger: Täglich sterben so viele Kinder umweltbedingt wie kriegsbedingt Menschen im Zweiten Weltkrieg.

Und so – ganz langsam – fangen anscheinend auch wir Menschen an zu rechnen, nur leider nicht konsequent genug. Ausbeuten können wir heutzutage eben nur noch uns selbst – durch geplante Nutzung der natürlichen Ressourcen. Das aber für den Gesamtplaneten zu berechnen, ist eine Zukunftsaufgabe, die selbstverständlich das Wohl aller Kinder einzubeziehen hat. Kinder sind dabei: Menschenkinder (alle!) sowie alle Naturkinder jedweder Art, Pflanzen genauso wie Tiere und auch alle mikroskopischen Wesen.

Rechnen und ausbeuten von uns selbst, weil Natur und Planet Erde eben nicht mehr ausbeutbar sind. Sie können die hirnlose planetare Selbstvermehrung des Menschen mit der entsprechenden Zerstörung nicht mehr ohne Schaden hinnehmen. Gemeint ist damit die Selbstheilungsfähigkeit unserer natürlichen Lebensbedingungen.

Eine Maschine hat nun einmal eine begrenzte Lebensdauer – und das gilt langfristig für unser Raumschiff Erde auch absolut, heißt: wir müssen hier weg – so in 500 000 000 Jahren (in Worten: fünfhundert Millionen). Die Sonne bläht sich zwar erst in einer Milliarde Jahren, aber einen Sicherheitsabstand sollten wir einplanen.

Dazu kommt aber die Unwägbarkeit des Einschlages eines größeren Weltraumkörpers – sagen wir mit 7 bis 12 Kilometer Durchmesser –, was unsere Vorsicht noch einmal ankurbeln sollte. Bei größeren Kalibern oder höheren Geschwindigkeiten als der durchschnittlichen von ein paar hunderttausend

Kilometern pro Stunde wird die Wahrscheinlichkeit noch erhöht.

Gegensteuern werden wir, was durchaus schon absehbar und in Arbeit ist, mit entsprechenden optischen Geräten, indem wir hoffen, entsprechende Meteoriten oder Kometen rechtzeitig zu entdecken. Zu dieser Hoffnung gehört dann noch, wir mögen noch nachhaltige Verfahren entwickeln und erproben, einen uns bedrohenden Brocken wirksam ablenken zu können. Hinzu kommt die weiter notwendige Forschung zu den Grundlagen des „Himmelsgeschehens", um gegebenenfalls auch bisher unbekannte Raumwanderer mit gefährlicher Masse und Geschwindigkeit entsprechend entdecken und beeinflussen zu können.

Witzlos wird diese Planung auf einige oder gar viele Jahrtausende, wenn man die – ich sage mal überfreundlich: Blindheit – des Menschen in Bezug zu seinem natürlichen Umfeld bedenkt. Er ist dabei, den gesamten Planeten zu zerstören durch die jeweils individuelle Hoffnung, mich wird es erst einmal nicht treffen. Es ist absolut notwendig, die Menschenmenge zu begrenzen und so schnell wie möglich auf circa 4 bis 5 Milliarden herunterzufahren.

Maßstab dafür ist eine rechnerische Gottesbeziehung – daher die Überschrift: Gott als Rechenfunktion. Dieser, der Gott, der immer und überall als Allmächtiger mitmischt, als Liebe für den denkenden Menschen aber nur im Selbstopfertod des Jesus von Nazareth, diese Repräsentation der Begrenztheit des erkennenden Menschen hat uns doch schon länger die Rechenfähigkeit in Naturwissenschaft und Technik geschenkt – durch abstrakteste und härteste Arbeit von vielen Leuten.

Es wird allerhöchste Zeit, solche Fähigkeiten in die Steuerung des menschlichen Miteinanders einzubringen. Wenn in irgendwelchen Nachrichten irgendwelche Leute sagen, wir können alle Menschen ernähren, so ist das nicht hinreichend. Erstens tun wir es nicht und können es somit auch nicht. Zweitens gehört zur Ernährung auch die geistige Ernährung – und die fängt bei den in diese Welt geholten Menschenkindern an. Allen anderen Kindern oder Nachkommen sind wir eine intakte Natur schuldig, damit Gott auf seine Art für sie sorgen kann.

Für den Menschen ist Gott auch als Rechenfunktion in ihm selbst tätig, nicht nur in dem funktionieren System unseres Universums mit seinen Diversifikationen in Milchstraßen, deren Sternsystemen und in Gas- und Staubwolken. Meiner Ansicht nach hat vor Gott jeder Mensch nicht nur das Recht, sondern auch die – natürliche! – Pflicht zu Kindern, und das können bei der heutigen Überbevölkerung nur 2 als Maximum sein, gleichzeitig aber auch als Minimum wegen unserer prinzipiellen Gottesorientierung.

Das Halten einer bestimmten planetaren Menschenmenge hat dann durch errechnete und entsprechende den Menschen zugeordnete „Zusatzkinder" planerisch zu erfolgen. Dazu ist das Verfahren für alle Menschen akzeptabel zu gestalten.

Es geht also um die Anwendung vom Rechnen und der Logik ganz grundsätzlich und im Prinzip auf das gesamtmenschliche Verhalten, nicht das des Einzelnen! Eine solche Gesamtmenschheitsbetrachtung soll also die in Jahrhunderten und Jahrtausenden erarbeiteten Überblicke über unsere Lebensbedingungen rechnerisch in ein geplantes Verhaltensmodell für alle Menschen überführen. Wie oben gesagt: Es geht um gleiche Chancen für alle Menschen und die Rettung des Planeten Erde vor der „Unvorsichtigkeit" des Menschen – und da können wir uns eben NICHT auf das Gefühl von Einzelnen verlassen.

Es sind fachliche Rechengruppen für alle Wissensgebiete des Menschen einzurichten, die dann in den verschiedenen Gremien der völkerübergreifenden Steuerungsstrukturen, die es ja bereits gibt, zu diskutieren sind. Kurzsichtige Egoismen sind bei der Folgerung von Maßnahmen nur sehr eingeschränkt tolerabel.

Selbstverständlich hat es auch übergeordnete Gremien zu geben, die das Ganze koordinieren – zum Wohle aller Menschen, das ohne das Wohl der Gesamtnatur unseres immer noch wunderschönen Planeten Erde nicht möglich ist.

Eine Phantasmagorie beziehungsweise Geistererscheinung

Die Sonne scheint vom blauen Himmel, weil die Dinge so sind: keine Wolken, keine Sonnenfinsternis, Staubstürme oder astronomischen Ereignisse besonderer Art. Die Lebensuhr tickt, und auch die Prozesse des Universums laufen ruhig vor sich hin.

Zeit und Raum gibt es ja nicht, es sind nur Rechengrößen des Menschen, um die Prozesse der Natur, der lebendigen wie der nicht-belebten, rational erfassen zu können – und sie sich verfügbar zu machen zwecks Schaffung von Strukturen zur größeren Bequemlichkeit in den Lebensabläufen. Beispiele sind die Elektrizität, das Auto, das Schreiben und neuestens die Erschließung des Weltraums, um die Neugier und Abenteuerlust zu befriedigen.

Insgesamt folgt der Mensch als Wesen der obersten Intelligenz nur dem Lebensprinzip aller Ausformungen der lebendigen Natur, er weitet seinen Lebensbereich aus, wie die frühen Einzeller sich aus dem Wasser auf das Land ausgebreitet haben. Hier, bei dieser Bewegung weg vom Planeten, kann er, der Mensch,

sich aber nicht mehr anpassen wie die Einzeller damals, sondern muß für sich als Vielzeller mit der komplexesten Materie überhaupt, seinem Gehirn, die Bedingungen mitnehmen, die sein Überleben im Weltraum sichern.

Gott, als er selbst und als Zeichen für die Unendlichkeit allenthalben, guckt genü.lich zu, solange wir als Menschen keinen unnötigen Schwachsinn abziehen, wie zum Beispiel uns zum Mars aufzumachen, ohne den Menschen, die dorthin reisen, eine leichte Fahrt und Rückkehr zu ermöglichen.

Sicher gibt es Selbstmörder aller Art und immer und überall, aber Mord und jegliche negative Gewalt sind verboten. Planungen, die solches implizieren, sind es ebenso, es sei denn, es handelt sich um Brainstorming, also einen „Gehirnsturm". Solche Gedankenspielerei ist notwendig, um Grenzen abzutasten.

Meiner Ansicht nach aber sollte der Mensch erst auf dem Mond eine sichere Basis haben und dann von dort aus in den weiteren Weltraumbereich hinausgehen. So könnte ein auf dem Mond gebautes Raumschiff zum Menschentransport sehr viel einfacher sein wegen der geringeren Schwerkraft, circa ein Siebentel der Erde. Das Material dazu könnte von Robotersonden aus dem Asteroidengürtel geholt werden, denn dort sind die verschiedensten Metalle frei verfügbar – für alle Menschen!

Es gilt also auch hier, sicherzustellen, daß Landesregierungen nur noch über Naturressourcen im eigenen Land verfügen dürfen und, wie bei den Weltmeeren, eine Weltregierung die Naturausbeutung darüber hinaus bedingungslos für alle Menschen des Planeten geordnet verwaltet. Die finanziellen Vorteile solchen Tuns haben bedingungslos hinter dem Menschenwohl und der Naturerhaltung zurückzustehen.

Das klingt so ein bißchen nach Planwirtschaft, ist es aber nicht, weil es hier um logische Überlegungen zur Zukunft des Menschen und der Natur unseres Planeten geht. Und beide sind bekanntermaßen einerseits akut gefährdet, andererseits prinzipiell immer nachhaltigst bewußt zu beachten und durchzurechnen.

Wir Menschen (alle) müssen unsere Selbstvermehrung schnellstens und bedingungslos in den Griff kriegen, damit das Einander-Be-Kriegen von Völkern und Sprachgruppen auf ein vernünftiges Miteinander zurückgeführt werden

KANN! Sonst zwingt uns Gott, der Allmächtige, mit seinen Methoden natürlicher Gewalt wie Hungersnot, Meteoriteneinschlag oder Überfall von Außerirdischen – der bösen Sorte wohlgemerkt (die es nicht gibt, denn es ist der Mensch selbst …) – zu sogenannten Neuanfängen infolge von Verlusten zwingenden Charakters.

Mag sich jeder darunter vorstellen, was er will – oder auch in der Erinnerungskiste seiner Kultur kramen. Ich denke, jeder findet da Ereignisse, die er sicher lieber nicht wiederholt sehen oder gar miterleben möchte. Oder gucken Sie in die aktuellen Nachrichten des Tages, der nicht hinreichenden Menschenvernunft bei übergeordneten Angelegenheiten ist mehr als genug vorhanden.

Allgemein wichtige Angelegenheiten sind nicht mehr von Einzelinteressen beurteilbar, sondern nur noch durch richtiges Rechnen in den jeweiligen Fachbereichen, die selbstverständlich untereinander abzugleichen und gemeinsam anzuwenden sind. Es geht also um die Koppelung der Menschennatur mittels richtigen Rechnens mit den Kulturerkenntnissen aller Menschen über die Jahrtausende.

Das Gesamtsystem Mensch ist also einerseits ganz grundlegend durchzurechnen, und zwar so, daß die Interessen des einzelnen Menschen von ihm selbst sowohl bezogen auf seine persönliche Herkunftsgruppe als auch auf alle anderen Menschen und den Gesamtplaneten mit dessen lebendiger Natur leicht vertreten und deutlich gemacht werden können. Andererseits sind die Gesetze Gottes, also die der Natur und Logik, genauso zu beachten und in die Planung menschlichen Handelns hineinzurechnen. Zweck ist der optimale Abgleich zwischen den Einzelmenschen und den Gesamtlebensinteressen.

Kein Mensch kann wirklich seines Lebens froh werden,

wenn er sich gegen die Natur – und damit ja auch gegen sich selbst – verhält. Daß jeder Mensch seine eigene persönliche Lebensbestätigung braucht, ist Lebensgrundlage. Hierzu bedarf es allerdings einer umfassenden Arbeitsablauf- und -platzgestaltung, da heute nirgendwo und niemand mehr sich Naturbereiche aneignen kann, ohne auf andere Menschen Rücksicht nehmen zu müssen. Also: Rechnen, Planen, Kontrollieren, Korrigieren, Prüfen, Rechnen, Planen …

Basis von alldem ist die Erkenntnis des Ja-Neins in allem, was der Mensch sich so vor Augen führt oder führen muß – weil er nicht aufpasst, trödelt, in Gedanken ist oder einfach anderweitig beschäftigt. Eine permanente Selbstkontrolle?

Sicher, denn sonst schläft man doch allzu unruhig. Und der Schlaf ist auch so ein Ja-Nein – wie der Urknall aus Anti- und Positiv-Materie. Der Lebensrhythmus ist immer an-aus, wachschlaf, hell-dunkel, so wie das ganze Leben aus der Antithese zum Tod beziehungsweise zum Jenseits resultiert.

Und wir sind wieder, wie immer – ich jedenfalls – bei unserem eigenen Tod. Und das Wissen davon ist absolute Menschen- und Intelligenzbasis. Als geborener Soldat – deutsche Frauen … – habe ich das einerseits in frühester Kindheit gelernt, andererseits: mit und nach 20 Jahren Schule, auf allerhöchstem Niveau – es geht nichts über den deutschen Diplomingenieur, der ja Naturwissenschaft und Mathematik integriert in seine Tätigkeiten einbinden muß, gerade eben auch emotional! – in allen Facetten dieser Existenz ausprobiert und auch angewendet.

Und das alles wozu? Reine Pflicht! Tue deine Pflicht, bis sie dir zur Freude wird, hat mir jemand mal gesagt. Allerdings ist ein solch irrer Spruch nur erträglich, wenn man einen so großen Bruder hat wie ich, den größten überhaupt: JESUS von Nazareth – sagt er selbst in den Evangelien, daß er Bruder sein will – und die Evangelien sind nun einmal die primäre Basis des Christseins.

Das Christsein als höchste Menschseinsformalie hat allerdings ausgedient, weil aus den vergangenen 500 Jahren es logisch zwingend sich ergab, daß dieser Jesus (von Nazareth) nicht mehr in eine Form gepreßt werden kann. Die Kriege in dieser Zeit lassen eine solche Einengung als allzu schädlich erkennen. Und in einer rechnerischen Planung muß dann auch Jesus als Singularität in Zusammenhang mit seinem Vater, Gott, dem Allmächtigen (und Unendlichen), als Fixgröße einbezogen werden.

Reiseprozess und Fluchtgeschwindigkeit

Der Mensch als sich selbst steuerndes Wesen mit Eigenverantwortung vor der Unendlichkeit – gleich Gott – ist sowohl biologisch durch seine lebendige Natur als auch physikalisch-chemisch durch die Einbettung des Lebens in das uns weitgehend bekannte Universum ständig in Bewegung, heißt auf Reisen, wenn ich so sagen darf.

Dem liegen durchaus die Naturgesetzlichkeit allen Seins wie auch der Urknall selbst zugrunde. Der Urknall ist eine Ja-Nein-Entscheidung der Umgebungssubstanz/Unendlichkeit hinsichtlich von Materie und Antimaterie derart, daß die Materie überwog. Wo die entsprechende Antimaterie verblieben ist, wissen wir nicht, vielleicht noch nicht.

Die anderen Lebewesen unterliegen doch sehr weitgehend einer automatischen Lebenssteuerung, die in den ursprünglichen Lebensgesetzen angelegt ist. Diese wiederum sind den physikalisch-chemischen Gesetzen, nach denen das Universum funktioniert, ein- oder übergelagert. Die Art und Weise ist noch unbekannt.

Die Reise ging also los mit dem Urknall. Gesteuert wurde das Ganze ganz sicher von außen, wobei „außen" hier bedeutet: nicht durch die Gesetze, die der Mensch bisher erkannt hat*. Zu nennen sind dabei als modernste und grundlegendste Gesetze die von Isaac Newton und deren Erweiterung 200 Jahre später durch Ludwig Boltzmann (Stichwort Entropie), dann Max Planck (Lichtquantenvariationen) und unseren lieben Albert Einstein (die große Relativitätstheorie).

Daraus entwickelten sich die Quantentheorie und die Weiterungen der Relativitäts-„Überlegungen", woraus am „langen Arm", zeitlich und räumlich, ich meine Gottesdefinitionen ableitete – nachlesbar in meinen Jesusbüchern 1, 2 und 3, sprich: Jesus Menschenbruder, Jesus logisch erfassen sowie Jesus vertraulich. In letzterem Buch befinden sich besagte Gottesdefinitionen: ER, Gott, als Liebe, Naturkonstante sowie Rechenfunktion.

Genauso bin ich an diese Fragen auch herangegangen: rechnerisch. Ich wiederhole hier, was Kulturgut vor zweieinhalbtausend Jahren schon war: Alles ist Zahl – ein „alter Grieche", damals. Persönlich durch Leonardo da Vinci als Universalgenius, wenn auch nicht direkt, wurde die Antike in der Renaissance wieder aufgegriffen. Petrarca und den Ritter von Wolkenstein nenne ich noch, die sich schon Jahrhunderte vorher vom Mittelalter zu lösen versuchten. Dabei fällt mir noch Dominicus ein, der Gründer des Dominikanerordens. Dieser hat ab dem 13. Jahrhundert die mittelalterlichen Gottesurteile mittels der durch ihn begründeten Inquisition abgeschafft. Diese gründeten auf übelstem Aberglauben, welchen Dominicus mittels vernünftiger Befragung von Übeltätern mit Erfolg ersetzte.

Leider ging dieser Ansatz dann im Laufe der Jahrhunderte verloren, sodass die Inquisition selbst zu abergläubischen Methoden zurückkehrte. Erst in der Neuzeit, vor circa 200 Jahren wurde die letzte Hexe verbrannt – hier in Europa. Derartiges blindes Tun ist leider aber immer noch in der Welt vorhanden, infolge von Glauben auch dort, wo man wissen kann. Und ich erinnere daran, dass die modernen Wissenschaften wirklich eine Menge Erkenntnisse gebracht haben, die einen allerdings selbst auch wie Hexerei anmuten. Beispiele? Die Quantentheorie und ihre Beweisführung durch wiederholbare Versuche hat ergeben, dass Lichtquanten, die leichtesten existierenden Teilchen, abhängig von der Beobachtung, entweder durch einen oder einen anderen Spalt hindurchgehen, einen von zweien.

Spaltexperiment heißt dieser berühmte physikalische Versuch. Hologramm heißt ein Gebilde durch wechselwirkende Lichtstrahlen, von dem ich in einer Vorlesung in den Sechzigerjahren hörte, ohne es wirklich zu verstehen. Aber vielleicht hängt dieses Phänomen ja mit dem Spaltexperiment funktional zusammen? Jedenfalls ist man dabei – daraus abgeleitet? –, räumliche Bilddarstellung in der Ebene zu versuchen. Beispiele gibt es in manchen Kinos.

Verblüffend ist natürlich auch das sogenannte Raum-Zeit-Kontinuum. Hier auf unserem Planeten, so ganz direkt betrachtet, ist es „unauffällig". Aber wenn Sie mit modernen Beobachtungsinstrumenten – und dann auch noch den modernen computergesteuerten Speichermedien – in den Weltraum hinaussehen, stellen Sie fest, Sie gucken in die Vergangenheit; Licht geht auf durch Schwerefelder gekrümmten Bahnen durch Raum und Zeit! Und – jetzt kommt's: Im subatomaren Quanten-Raumbereich gibt es KEINE Zeit. Ich schlussfolgere einfach mal logisch: Wenn keine Zeit, dann auch keinen Raum!

So, jetzt Sie, ist das richtig? Sind Raum und Zeit wirklich nur Rechengrößen? Wie soll das mit unserer Sicht auf die Sterne zusammengehen? Dort gilt die Relativitätstheorie – und seit es diese beiden gibt, versuchen die Physiker und Mathematiker das irgendwie zusammenzubringen.

Rein logisch sind bisher wir, die Menschen, die „Vereinigungsfunktion" dieser beiden einander widersprechenden Theorien. Wieder rein logisch: Wir Menschen als oberste Ausprägung mit der komplexesten Materie überhaupt, unserem Gehirn, leben durch diesen Gegensatz – und alles andere Leben auch. Wir existieren also durch und aus diesem Gegensatz von Relativität und Quantentheorie.

Wir reisen doch aber durch Raum und Zeit! Nein, können

wir nicht, wenn es diese beiden nicht gibt. Was aber treibt uns dann um, woher und wohin reisen wir, bewegen wir uns? Na, rechnerisch durch Raum und Zeit, sagt uns der Rechenapparat, den wir auch Gehirn nennen. Streng logisch bewegen wir uns aber nur zwischen und mit den oben genannten Gesetzen zwischen Masse und Energie; ach ja, hab ich vergessen: im subatomaren Quantenbereich gibt es zwar auch Masse und Energie, diese sind aber austauschbar.

Springt ein Elektron von einer Atomumrundungsbahn auf eine höhere oder niedrigere Bahn, nimmt es ein Photon auf oder gibt eins ab. Es gibt ein Photon ab, wenn es fällt, oder braucht eines als Anschub, um eine höhere Bahne zu erklimmen. Solches geschieht auch spontan, vermute ich mal – so fix bin ich in den formalen Details, der formelhaften Logiksprache der Physik nicht.

Aber ich weiß, dass vor circa einem halben Jahrhundert ein Experiment mit einer Vakuumkammer mit künstlich maximiertem Höchstvakuum, also durch magnetische und elektrische Effekte unterstützte Absaugung eines definierten Raumbereichs, folgendes Ergebnis zeitigte: Wenn man lange genug hinguckt, und genau genug – mit Hilfe von „Zeichenwahrnehmungsinstrumenten" – dann bilden sich spontan zwei Lichtquanten, eins aus normaler Materie, eins aus Antimaterie. Diese beiden vernichten einander sofort wieder unter Rücknahme der Energie, die sie sich aus dem Nichts geliehen haben. Logischer Schluß: Es existiert etwas jenseits der von uns wahrnehmbaren Welt.

Und genau da reisen wir entlang, solange wir leben: an der lebendigen Wahrnehmung unserer Existenz, die wir mit unserem gehirnlichen Datenspeicher und unseren Datenverarbeitungsfähigkeiten nutzen, um hier Spaß zu haben, der für lebendige Wesen eben vor allem darin besteht, einander zu nützen.

Der Sinn dafür ist, so er nicht direkt erlebt wird, als Freude und Spaß, die Weiterentwicklung und Verbesserung unserer Existenz, sodass unsere Nachkommen auch Spaß haben, haben können. Sie reisen, entsprechend IHRER Individualität auf ihrem Weg weiter entsprechend der Masse-Energie-Linie, der alles Sein zu entsprechend hat. Die Unendlichkeit ist so absolute Bedingung für uns, denn wo sollten wir sonst hin?

Die Gesetze der lebendigen Materie sind also Ableitungen und Erweiterungen der Funktionsgesetze nichtlebendiger Materie derart, daß diese, die der Entropie – also Abkühlung – gehorchen, für einen begrenzten Masse- und Energiebereich langsamer der Entropie folgen, als sie es ohne die übergelagerten Gesetze des Lebens täten. Diese Lebensgesetze gelten prinzipiell nur begrenzt, solange eben eine Atom- und Molekülgruppe ihre Umgebungssubstanz ausnutzen kann.

Die durch die speziellen Lebensgesetze abgegrenzten Substanzbereiche teilen sich durch interne Gesetze in Nachkommen auf, um weitere ausbeutbare Materie zu finden. Auf der höchsten Ebene dieser Entwicklung der letzten Jahrmilliarden auf unserem Planeten sind wir, die Menschen, die Atom-Molekül-Gruppe mit der besten Steuerungs- und Lenkungsfähigkeit. Unsere entsprechende Aufgabe ist die weitere Ausbreitung des Lebens – insgesamt – auch in den Weltraum hinaus, bei bester Absicherung des Lebens hier auf der Erde.

Fluchtgeschwindigkeit

Angeblich erhöht sich die Geschwindigkeit des Auseinanderdriftens der Massen und Massenansammlungen seit einigen Jahrmilliarden wieder. Kurz nach dem Urknall und nach der inflationären Phase der Expansion unseres kleinen Universums – nur circa 10 hoch 180 Superstrings – stabilisierte sich das Auseinanderdriften der Massen und Sternensysteme für ungefähr 9 Milliarden Jahre. Seit also 4 Milliarden Jahren nimmt die Ausdehnung zu, wie Beobachtungen und abgeleitete Berechnungen sagen.

13,8 Milliarden Jahre ist unsere materielle Basis alt, und die Fluchtgeschwindigkeit der Milchstraßen und anderer Massen- und Materieansammlungen zueinander nimmt messbar zu. Nun spielt das für unser direktes lebendiges Miteinander auf unserem Planeten Erde keine große materielle Rolle. Aber wir wissen es und sollten uns grundsätzlich und vorsichtig auf unsere Verantwortung für das Leben insgesamt und auf die Rolle des Erdlebens in unserem Weltall einstellen.

Die Außerirdischen sind ja hier – wir selbst sind eine Sorte davon. Die anderen bewussten und intelligenten Lebensformen, die, wenn sie hier sind, uns ja technisch weit überlegen sind, bewegen sich nur getarnt (und zwar für uns nicht erkennbar!) unter uns. Wir sollten sie also durch Fehlverhalten gegenüber den Naturgesetzen, an denen ja niemand vorbeikommt, nicht zwingen, in das Menschengeschehen einzugreifen. Wir würden es nicht erkennen – im besten Fall Verhaltensabläufe als „das hätten wir schon längst tun sollen“ einstufen.

Unser eigenes Menschenverhalten untereinander und gegenüber der Natur unseres Planeten wird also beobachtet – von uns selbst, aber eben auch durch die Änderungen in den natürlichen Abläufen allenthalben, die ja nicht folgenlos bleiben. So wird die Erderwärmung ja direkt von außen sichtbar, aber da der Geist des Menschen mit seiner Fähigkeit, in die Unendlichkeit zu sehen durch Rechnen und Kalkulieren, sich ebenfalls dem Geist des Universums mitteilt, sollten wir aufpassen. Das Wandern von kompakten Körpern durchs All ist zwar über die Jahrmilliarden stabil geworden, 100-prozentige Sicherheit aber gibt es nicht.

Wir haben die geistige Verantwortung für das Handling dieser Planetenexistenz für die nächsten 500 Jahre – und dann sehen wir weiter. Es ist also unabdingbar, dass wir mittelalterliche Glaubensidiotien wie den sogenannten Glauben an die körperliche (!) Auferstehung unseres Bruders Jesus von Nazareth nachhaltig aufgeben. Und wir sogenannten Christen sind absolut primär in der Pflicht, denn in den vergangenen 500 Jahren haben wir die volle Verantwortung von Gott persönlich übertragen bekommen – weil ein paar Leute in den Freiräumen zwischen sogenanntem Protestantismus und Katholizismus Erkenntnisse errechnet haben, die uns diese wunderschöne neue Welt bescherten.

Logischerweise hat Bruder Jesus von Nazareth – er selbst will es nach dem Geist des Evangeliums sein – sich die neue von IHM initiierte Welt nicht mit solchen Gewaltidiotien und Menschenopferei vorgestellt, wie wir sie nicht nur im 20. Jahrhundert sehen mussten, sondern immer noch sehen. ER hat sein Menschenopfer, sich selbst in ausschließlicher Verabredung mit Gott dem Unendlichen, doch als prinzipiell abschließende Menschenopferei inszeniert. Die Menschenopfer bei den Mayas und Inkas sind anders zu berechnen, da Jesus ja doch vor allem auch als ganz normaler Mensch anzusehen ist.

Es geht, in Anlehnung an die neueste Mathematik und Physik, um ein abstraktes Berechnen des menschlichen Miteinanders – planetar! Nur so können wir unserer Pflicht, für alle Kinder des Planeten unseren Fähigkeiten entsprechend zu sorgen, nachkommen.

Jesus IST doch auferstanden – in UNS! Er lebt sozusagen als Geistwesen, auch materiell institutionalisiert, in der heutigen Welt. Heilig ist nur ER, Jesus, was allerdings nicht heißen soll, dass wir entsprechende Glaubenstraditionen einfach über Bord (unseres Raumschiffes Erde) werfen dürften. Aber Rationalität ist bedingungslos dort zu beachten und einzuführen, wo es Vorteile bringt – für alle Menschen – und wo es möglich ist.

Gott freut sich darüber, denn er selbst ist ja die Ratio beziehungsweise die Logik in „Person". Und da er die Quelle allen Seins ist, sollten wir alles Mögliche, alles, was wir können (!), zu seiner Freude tun.

Woran erkennt man, dass Gott sich freut? Na, daran, dass „die Dinge jut loofen". Wenn Sie bei ihrem Tun ein Unbehagen haben, sollten Sie es in dieser Hinsicht überprüfen. Unsere Gefühle sind ja rationalisierte, also zusammengefasste und automatisierte Lebenserfahrungen über die Generationen.

Hinzu kommt die prinzipielle Naturanbindung, eben auch von uns Menschen. Und wenn es in manchen Science-fiction-Filmen noch so sehr negiert wird, zum Leben gehört unabdingbar Gott als Unendlichkeit. Diese existiert ausschließlich im Geist des Menschen. Ich glaube nicht, dass wir jemals diesen unendlichen Geist direkt „verbauen" können werden – und wir sollten es auch nicht versuchen. Es würde uns die Freude am Leben, das so, wie es ist, begrenzt ist – und auch sein muss –, verderben.

Leben ist die Selbststeuerungsfähigkeit von Atom- und Molekülgruppen in Bezug zu ihrer molekularen Umgebung, und entsprechend kommt es ja auch aus dem Wasser. Die Wesen, die das Wasser verlassen haben, haben diese Fähigkeit insofern perfektioniert, als sie die Energie- und Stoffzufuhr in zwei Bereiche aufgeteilt haben, die sie so verwalten, dass sie die fehlende Stoffeinschließung der Lebewesen in der Flüssigkeit takten können, sodass sie sich dann in einem bestimmten Gasdruckbereich entsprechende Quellen erschließen können.

Der prinzipielle Lebensdruck, der Lebewesen immer weiter vorantreibt, hat also die Lebewesen an Land getrieben und treibt nun die oberste Lebensform, den Menschen, weiter in den Weltraum hinaus. Hierzu braucht diese spezielle Lebensform wieder eine weiterentwickelte Selbststeuerungsfähigkeit, die es ihr/uns ermöglicht, dort das Leben wieder weiterzuentwickeln. Dabei sind selbstverständlich die Grundlagen unseres Lebens perfekt abzusichern, soll heißen: Nicht nur die Selbstrettungsfähigkeit im Weltraum ist sicherzustellen, sondern gegebenenfalls sollte auch die Rettung von unserem Heimatplaneten aus immer möglich sein.

Sind wir Flüchtlinge? – Ja, denn wir fliehen vor Unzulänglichkeiten, die das Universum immer wieder aufbaut. Deshalb sollten wir jetzt schnellstens unsere planetaren, unnötigen Flüchte endlich in den Griff bekommen, denn sie stammen aus mittelalterlichen Unzulänglichkeiten. Diese sind durch Abschaffung von weithin leicht erkennbaren Lügen und Besserwissereien leicht zu überwinden.

Menschenopfer Jesus

Jesus (von Nazareth) hat das einzig zulässige Menschenopfer aller Zeiten gebracht: sich selbst, und zwar so, dass kein anderer Mensch schuldig wurde, nicht einmal er selbst. Er hat durch sein Verhalten seine Mitmenschen vor zweitausend Jahren gezwungen, ihn, Jesus, zu töten – nach Recht und Gesetz.

Nun waren damals die Gesetze so, dass auch bei vernünftigem Verhalten eines Menschen dieser Schwerststraftaten begehen konnte. Allerdings gab es auch sehr unterschiedliche Gesetze – von Menschen für Menschen! –, die womöglich einander sogar widersprachen und dann auch noch auslegbar waren, sodass sie unabsichtlich gebrochen werden konnten.

Das war aber nicht Jesu Art. Er hat ganz bewusst Menschengesetze gebrochen, um auf Gottes Gesetze hinzuweisen. Nun hat er das nicht im modernen naturwissenschaftlichen Sinne getan. Diese, die modernen Wissenschaften, sind aber ihrerseits im Christentum entstanden, das sich ja auf Jesus von Nazareth beruft.

Im Angesicht des Todes, den Jesus dann ja schließlich ganz bewusst anstrebte, fallen die üblichen alltäglichen Lügen weg, weil einen solchen Menschen Besserwisserei und Vorteilsnahme gegenüber anderen Menschen nicht mehr interessieren. Entsprechend hat Jesus in den Evangelien Beispiele für wirklich Wichtiges angeführt, wie die Orientierung an Kindern.

Insgesamt hat es dann 2 000 Jahre gedauert, bis in der heutigen Welt eine einigermaßen vernünftige Weltordnung existiert. So ist zwar noch nicht überall in der Welt der moderne westliche Verhaltenscodex anerkannt – es gibt noch mehr als genug mittelalterliche Normen menschlichen Verhaltens, gerade auch im sogenannten Westen –, aber wir scheinen mit der UNO und durch sie auf einem guten Weg zu sein.

Eine Zahl der UNO, die mir vor Jahren nicht aus dem Kopf ging, war: Es sterben täglich 35 000 Kinder über die normale Sterblichkeit hinaus, weil der Westen seine brutalen Wirtschaftsmethoden doch auch kulturell zur Bevormundung ärmerer und nicht so gut ausgebildeter Völker nutzt. Heute sind es vielleicht „nur noch" 30 000 Kinder, die sozusagen gemordet werden, weil der „Club of Rome" schon vor 60 Jahren eigentlich nur eine absolute Versagerinstitution war – siehe die damaligen Absichten und die heutigen Tatsachen.

Meiner Ansicht nach ist dieses weltbedrohende Phänomen der anscheinenden Welt-Natur-Vernichtung eine Folge der Lügen der Christen in Bezug auf Jesus, der ja nicht sein Leben geopfert hat, damit wir ihn, Jesus, zum „Kaiser-König-Edelmann" machen – gegen seine Aussage im Evangelium: Gib dem Kaiser, was des Kaisers ist, Gott aber gib, was Gottes ist. Und Jesus hat SEIN (eigenes) Leben für alle Menschen geopfert – ohne Ansehen der Person.

Es geht also darum, endlich den – von Gott selbst verschuldeten!!! – Selbstopfertod unseres Bruders (so Jesus im Evangelium) als solchen ernst zu nehmen, beispielsweise durch Abschaffung der sogenannten „körperlichen Auferstehung" Jesu. Gott als Allmächtiger, Ewiger und Unendlicher – nach meiner Definition rational ausschließlich die Menge (unbegrenzt!) der natürlichen Zahlen – ist also schuldig am Tod Jesu.

Das trägt er locker, weil er formal uns sowieso keine Rechenschaft schuldig ist – ist für uns auch besser, schließlich ist er allmächtig! – und weil er sowieso an allem schuld ist, tscha und dann noch weil er uns die Angst vor dem prinzipiell absolut notwendigen Tod nehmen wollte. Hat er ja auch.

Die Orientierung an Gott, in welcher Form auch immer, war von Anfang an für den Menschen Antrieb, sich immer weiter von der reinen Tiernatur seiner selbst zu lösen. Das heißt aber nicht, dass wir diese unsere Säugetiernatur gering achten dürfen. Unser Körper ist schließlich eine Biomaschine von phantastischer Natur, die wir zurückzugeben haben, möglichst optimal genutzt zum Zwecke der Gesamtnaturentwicklung auf unserem Planeten Erde. Denn diese lebendige Natur ist Gottes Schlüssel zur weiteren Umwandlung von „toter" in lebendige Materie in unserem kleinen Universum.

Unser kleines Universum ist 13,8 Milliarden (Licht-)Jahre alt und groß. Diese Zahl ließe sich beliebig vergrößern – wieder einmal ein Beweis, dass die Unendlichkeit in uns ist und nicht da draußen irgendwo.

Gottlob Frege in seinen „Grundlagen der Arithmetik" (Verlag Wilhelm Koerber, Breslau 1884, jetzt auch Reclam, Ditzingen 1995) hat gesagt: „Schaffen wir auch Zahlen, welche divergierende Reihen zu summieren gestatten! Nein! auch der Mathematiker kann nicht beliebig etwas schaffen, so wenig wie der Geograph; auch er kann nur entdecken, was da ist, und es benennen!" (S. 127, letzte drei Zeilen und Folgezeilen)

Durchaus entsprechend dieser Aussage meine ich seit längerem, dass wir und die Natur des Planeten Erde auf der Abkühlung, Ausdehnung oder auch Entropievergrößerung des Universums surfen – unter Ausnutzung der Energieabgabe in deren Folge. Ludwig Boltzmann hat das mit komplexester Mathematik vor 150 Jahren nachgewiesen. Sein Werk war eine der Grundlagen für Max Plancks und Albert Einsteins grundlegende Arbeiten in Quantenphysik und Relativitätstheorie.

Warum jetzt Jeus Menschenopfer – und dann auch noch im „Namen" Gottes des Allmächtigen? Der Tod ist unabdingbar,

Leben ohne Tod KANN es nicht geben – und einer musste das sozusagen ein für alle Mal und alle Zeiten emotional verankern im nachdenklichen Bewusstsein der Menschheit. Und das war nun mal Jesus von Nazareth vor 2000 Jahren – stellvertretend für alle Menschen.

Lebensforschung als Versuchsrechnung –
prinzipiell und individuell

– eine ingenieursmäßige Prophetenmeinung –

Man kann nur einsetzen, was man hat. Von Gott, dem Ewigen, Allmächtigen und Unendlichen, der nicht nur das Universum, sondern auch die Natur geschaffen hat – denn irgendwo muss das ja alles herkommen – haben wir so auch unseren Körper. Diesen müssen wir zwar zurückgeben, aber bitte bestens nach den Natur- und Lebensregeln ausgenutzt.

Die Gesetze, die wir kennen, konnten wir nur entdecken – auch die, nach denen unser Körper, eine Biomaschine, funktioniert. Ebenso die Logikgesetze von Geometrie und Mathematik, bei denen wir leichter die Prinzipienhaftigkeit erkennen können als bei den biologischen Funktionen, die uns ja auch emotional betreffen.

Heute, infolge eben dieser Erkenntnisse und ihrer Anwendung in Naturwissenschaft und Technik, haben wir – planetare! – Probleme, die wir nur lösen können, wenn wir unsere Erkenntnisintelligenz auch für Analyse und Lösung aller Probleme einsetzen. Das Gesamtsystem Mensch muss als eben solches definiert werden, auch im Einzelnen, und dann abgestimmt werden mit den Strukturen und Möglichkeiten unserer natürlichen Basis auf unserem Heimatplaneten Erde.

Gesamtsystem Mensch sind die 7,44 Milliarden Menschen, die sich bisher unkontrolliert einfach sinnlos weitervermehren. Sinnlos soll heißen, es wird nicht bedacht, zuerst die Arbeitsplätze zu schaffen und dann die entsprechende Menschenmenge anzufordern mit entsprechenden Planungsdaten. Es geht einfach nicht gut, lügnerisch so zu tun, als könnte die normale Naturfunktion des Planeten Erde weiterhin diese

Menschenmenge ohne die üblichen ihrer Methoden wie Seuchen und geologische Katastrophen regeln.

Dabei sind die Planungen der Menschen strengstens auf die errechneten Möglichkeiten in den jeweiligen geographischen und kulturellen Bereichen abzustimmen. Unser, der Menschen, Leben ist nun einmal die alleroberste Ausprägung lebendigen Seins auf dem Planeten Erde. Und es geht ja nicht um irgendetwas, sondern um das ÜBER-leben – des Menschen. Dass die Natur über die Zeiten Möglichkeiten hat, die dem Menschen mit seiner Begrenztheit nicht zur Verfügung stehen, ist klar.

Die Aufgabe des Menschen, die lebendige Natur unseres Planeten in den Weltraum hinaus auszubreiten, ist Methode und Ziel der weiteren Lebensentwicklung aller Menschen. Hierbei ist nicht nur der Gang in den Weltraum hinein mit künstlichen Lebensumgebungen aus der natürlichen Erdumgebung mit absoluter Sicherheit, heißt Fehlerfreiheit, zu gestalten, sondern auch unsere Basis, Planet Erde, entsprechend abzusichern.

Fehlerfreiheit bedeutet, auch die prinzipiellen und tatsächlichen Toleranzbereiche perfekt einzugrenzen und zu sichern. Im Weltraum gibt es keine natürlichen Ausgleichssysteme für ein Versagen von Lebenserhaltungsfunktionen. Fehler sind dort automatisch tödlich, wenn Rettungsfunktionen nicht vorher bedacht wurden. Am einfachsten ist das zu verstehen, wenn man sich die Einbettung allen Lebens in der Unendlichkeit vorstellt. Leben kann nur begrenzt sein, weil Unbegrenztheit der Tod selbst ist, beziehungsweise eben der Bereich, dem alles entspringt.

Ich will dafür ein Beispiel geben. Die heiligste Zahl ist die Zwei. Sie steht dafür, dass es überhaupt etwas gibt. Denn etwas ohne ein anderes ist ganz allein, und das bedeutet, man ist bei Gott, also im Jenseits, in der Ewigkeit, jedenfalls nicht mehr in einem greifbaren oder begreifbaren Bereich.

Alle folgenden Zahlen stehen für die Entwicklung allen Seins. Dabei gibt es selbstverständlich noch genügend Bereiche, die wir nicht verstehen und künftig vielleicht noch in den geistigen Griff bekommen. Und wir haben schon eine Menge des Funktionierens unseres Seins verstanden, allerdings bezüglich des Zusammenlebens der Menschen untereinander und mit der Natur gibt es noch enormen Verbesserungsbedarf.

Es sollte doch möglich sein, die offensichtlichen Gesetze der Natur, die ja auch für den Menschen gelten, offen auszusprechen und deren Einhaltung einzufordern. Dies sind ganz klar die Selbsterhaltung des einzelnen Subjekts, also Ernährung jeden Ichs, sowie die Erhaltung der jeweiligen Arten, auch des Menschen. An der prinzipiellen Entwicklung des Lebens und der Natur insgesamt in diesem Universum sollten wir nicht rütteln. Nur im begründeten Einzelfall sollten wir unsere erlangten Fähigkeiten zur eigenen und Gesamtlebensentwicklung einsetzen.

Die Dinge aller Art – geistig und materiell – sollten wir sauber und funktionsfähig halten, soweit wir es können und es dem Lauf der Natur entspricht. Schließlich ist da ja durchaus etwas dran, wenn gesagt wird, dass des Menschen Tun eine Belastung für die Natur der Erde ist.

Also ist geboten, dass wir „Gesamtsystem Mensch" als Teil all dessen ansehen, was wir erkennen können. Und das ist der heute sehr hohe Stand von Naturwissenschaft und Technik auf logischer und mathematischer Basis. Das dort gesammelte und verankerte Wissen ist immer wieder neu zu ordnen entsprechend dem erweiterten Kenntnisstand infolge von Forschung und Entwicklung.

Ich empfehle jedem populärwissenschaftliche Monats- und Wochenzeitschriften – siehe Stadtbüchereien, hier in Berlin jedenfalls. Dazu ein Fremdwörterbuch – und Sie haben es, das ganze zur Verfügung stehende Wissen. So brauchen Sie sich nicht mehr mit den prinzipiell ideologischen Diskussionen im allgemeingesellschaftlichen Bereich zu begnügen. Es bildet sich bei entsprechendem Tun – lesen, hören, sehen – automatisch ein Bild in Ihrem Kopf über den Zustand der heutigen Welt, die logischen Entwicklungen und Ihre Rolle dabei.

Vergessen Sie aber nicht die Naturgesetze wie Sonnenschein, die Rolle des Mondes und die Basisfunktion der Erde, unseres Heimatplaneten. Denken Sie daran, wenn es keinen Spaß macht, ist irgendetwas nicht in Ordnung, und Ordnung ist die Basis allen Seins! – Siehe oben die Zahlen 1 und 2 und die unendliche Menge der folgenden natürlichen Zahlen, der einzigen Unendlichkeit, die wir erkennen können.

Gleichzeitig neben diesen nach vorn gerichteten Überlegungen gibt es aus der Vergangenheit heraus natürlich das Vorhandene an Lebensüberzeugungen. Da das moderne Wissen doch noch nicht so alt ist, kommen sehr antiquierte, um nicht zu sagen antike, Lebensvorstellungen auch zum Tragen.

Zusammenfassend sage ich einfach mal: Sogenannte Glaubensformen haben keinen Sinn mehr. Sie beruhen auf Unwissen – auch dort, wo man wissen kann, und sie haben in ihrer Allgemeinheit diese Welt zu verantworten, im Positiven, aber auch im Negativen. Ordnungen müssen nun mal gepflegt werden, müssen auf andere Ordnungen abgestimmt werden und immer wieder neu definiert.

Besonders in der heutigen modernen Welt, in der Natur und Technik fast absolut vernünftig aufgefasst werden, haben sogenannte Glaubensformen nur noch sehr begrenzt Platz, stammen sie doch aus der Unwissenheit von vor Tausenden von Jahren. Nehmen Sie meine Auffassung von Gott als Allmächtigem, Ewigem und Unendlichem und die Unendlichkeit als Menge der natürlichen Zahlen, so müssen Sie die Philosophie der alten Griechen von vor 2500 Jahren und die modernen Erkenntnisse der Naturwissenschaften zusammenbringen. Alles ist Zahl – ein alter Grieche, das – unser – kleines – Universum hat nur 10 hoch 180 Superstrings, die 10-hoch-60-mal kleiner sind als ein Atom; Atome (-volumina) gibt es also 10 hoch 120.

Lassen Sie die 180 nur etwas größer werden, sagen wir 1000, so bekommen Sie eine riesige Zahl, gegen die unser Universum winzig wird. Vergleichen Sie einfach 10 hoch 3 (gleich 1000) mit 10 hoch 12 (gleich eine Billion), nehmen Sie etwas größere Zahlen – „sieh da"!

Und genauso vergleichen Sie die allgemeine Verwendung des Begriffs „gläubig", der die religiösen Formalglaubensformen meint, mit einer naturwissenschaftlich-technisch-logischen Glaubensnotwendigkeitsauffassung mit dem emotionalen Leben-Tod-Anker des Selbstmenschenopfers unseres Bruders – so beschreibt er sich in den Evangelien – Jesus von Nazareth, und es ergibt sich automatisch die Lösung der modernen Überbevölkerungsproblematik. Diese kommt aus den alten Kulturauffassungen, in denen eben nicht Vernunft – oder Seele – vor Gefühlsüberzeugungen steht, sondern „Wichtigtuer das Sagen haben" – eben ohne zu rechnen. Und das Rechnen, in seiner höheren Form Mathematik genannt, ist Grundlage der heutigen Welt.

Zusammengefasst: Gott IST die Ratio, die Vernunft, die Menge der natürlichen Zahlen – als Unendlicher. Aber genauso ist ER, Gott, zwar in jeder Rechnung dabei, wenn richtig gerechnet wird, als Unendlichkeit ist er aber gleichzeitig – prinzipiell und absolut – für keinen Menschen wirklich greifbar. Und da wirkt Jesus v. Naz. mit seinem einzigartigen Selbstopfer als Anker und „vertrauensbildende Maßnahme", sodass Gott Geist und Planung in Allem wird.

– Dies ist die errechnete Dreifaltigkeit,
Vater, Sohn und heiliger Geist. –

Dazu vielleicht noch: Wir selbst sind ja Produkt einer unüberschaubar vielfältigen Entwicklungskette, die als übergeordnete Systematik real nicht fassbar ist. Wir Menschen – wohlgemerkt – sind also die komplexeste materielle Entwicklung unseres 13,8-Milliarden-Jahre-Universums.

Entsprechend wichtig ist, wie oben gesagt, unsere Ordnungsrechnung – für uns selbst und Planet Erde. Das alles ist als Simulationsrechnung gemäß der jesus-orientierten Logik in den Evangelien zu gestalten – für ein normales Leben aller Menschen.

Von Horst Denzin erschienen im *Frieling-Verlag Berlin* folgende Bücher:

- Die Amtskirchen müssen weg **(1989 + 1995)**
- Einmal Christus (1992)
- Gedanken im Kreuz (1996)
- Berliner Dialekt-Evengelium im Schnodderton (1996)
- Weit zurück: 11 Gebete und ein Evangelium
  (ISBN 978-3-8280-1888-4), 2003
- Jesus Menschenbruder (ISBN 978-3-8280-2181-5), 2005
- Jesus logisch erfassen (ISBN 978-3-8280-3102-9), 2013
- Jesus vertraulich (ISBN 978-3-8280-3298-9), 2015